KATRIN WEIDEMANN

Morgen-Momente

KATRIN WEIDEMANN

Morgen Momente

99 Impulse für einen guten Tag

Ein Jahreszeitenbegleiter

VORWORT

MORGEN-MOMENTE

Mein Morgen beginnt meist mit einer Tasse Tee. Noch bevor ich beim Aufstehen mit der Bettdecke den letzten Rest Müdigkeit wegschiebe, steht schon meine Lieblingstasse bereit – meinem Lieblings-Ehemann sei Dank. Der dampfende Duft, die Wärme der Tasse, die liebevolle Geste – sie helfen mir morgens, gut in den Tag zu starten.

Morgen-Momente sind Geschichten wie eine Tasse Tee am Morgen. Sie können helfen, die helle Kraft des Tages zu spüren – egal ob Sie sie frühmorgens lesen oder zu einer späteren Tageszeit.

Ich verdanke die Geschichten vielen Menschen, denen ich im Laufe der Jahre begegnet bin, Freundinnen und Zufallsbekanntschaften, Kolleginnen und Familienmitgliedern. Manche habe ich in Krisenzeiten ihres Lebens kennengelernt, sie bei Einsätzen als Notfallseelsorgerin begleitet. Mit anderen durfte ich als Pfarrerin die Hoch-Zeiten ihres Glücks feiern. Ob auf Reisen bei Besuchen von Entwicklungsprojekten oder beim Skifahren in den Alpen – die Begegnungen haben mir oft neue Perspektiven eröffnet und gezeigt, wie das geht: das Leben mit wachen, hoffnungsfrohen Augen sehen. Das Eigentliche in allen Dingen erkennen.

Für mich atmen viele der Geschichten den Aufbruch in einen neuen Tag. So wie die ersten Schritte nach dem Aufstehen schon das Durchstehen eines langen Tages in sich tragen, so erzählen die **Morgen-Momente** von Hoffnung und Liebe, die immer wieder einen Neubeginn ermöglichen.

Eine auf-munternde Lektüre wünscht Ihnen

Ihre Katrin Weidemann

FRÜHLING

WUNDERBAR VERWANDELT

Vor drei Jahren war er noch ein schlichter Auspufftopf. In seinem ersten Leben röhrte er voller Abgase über die Straßen Italiens. Ruß und Dreck und harte Aufsetzer auf dem Asphalt haben Spuren hinterlassen.

Jetzt in seinem zweiten Leben ist der Auspufftopf ein Flamingo. Durch unser Wohnzimmerfenster sehe ich ihn auf der Terrasse stehen. Zwei lange Beine aus Baustahl tragen den rostigen Körper. Auf dem elegant geschwungenen Hals aus Auspuffrohr thront ein schmaler Kopf mit einem Blechschnabel. Beilag-Scheiben sind die Augen.

Ich staune immer wieder neu über die wunderbare Verwandlung. Aus Schrott hat der Künstler Roberto Cipollone einen fragilen Vogel zusammengeschweißt. Ich kann genau erkennen, dass das mal ein Auspuff war – das Alte ist noch sichtbar. Aber auch etwas völlig Neues, ein auf langen Beinen staksender Flamingo.

Ich bewundere den sicheren Blick, mit dem der Künstler die Schönheit einer neuen Kreatur dort erkannt hat, wo andere nur Schrott sehen.

„Sieh doch, ich mache alles neu", steht in der Bibel (Offenbarung 21,5). Wenn schon ein handwerklich geschickter Künstler in verbeultem Schrott etwas Neues, Schönes und Wertvolles erkennen kann, wie viel mehr gilt das für Gott. Er sieht bereits frische Möglichkeiten und Ideen für mein Leben, wo ich gerade noch den Rost und die Beulen des vergangenen Jahres betrachte.

Mit Gottes freundlichem Blick und dem Flamingo vor Augen starte ich vergnügt und zuversichtlich in das neue Jahr.

EINKEHRSCHWUNG

Was das Schönste beim Skifahren ist, weiß unsere neunjährige Tochter genau: nicht der schneeglitzernde Hang, nicht der weite Blick über die Berge und auch nicht die flotte Fahrt ins Tal. Das Schönste für sie beim Skifahren ist der *„Einkehrschwung"* in die nächste Wirtschaft.

Da ziehen wir als Erstes den dicken Ski-Anorak aus, suchen uns einen Platz bei Freunden und holen uns an der Theke einen Germknödel. Und dann sitzen wir zusammen um einen Tisch, wir essen, trinken und unterhalten uns darüber, wie der Tag noch weitergeht.

Noch zwei Wochen sind es bis Ende des Faschings. Und ich nehme jetzt schon Anlauf für meinen persönlichen *„Einkehrschwung"*, den ich mir nach dem Aschermittwoch gönnen will. Einkehr – um innezuhalten bei Gott.

Bei meiner täglichen Zeit der Einkehr ab Aschermittwoch werde ich auch erst mal ablegen: meine Termine, meine Unruhe, das Handy. Ich reserviere mir ein paar Minuten am Tag, einen Ort ganz für mich. Und nehme mir Zeit für Gott. Aus der Bibel hole ich mir Gedanken, die satt machen. Die meinem Leben Richtung geben.
Und halte Zwiesprache mit Gott.

Viele evangelische und katholische Gemeinden bieten in der Zeit vor Ostern gemeinsame Übungen zur Einkehr an. Diese „Exerzitien im Alltag" bieten einen Ort, wo ich mich mit anderen austauschen kann.

Was das Schönste ist am Aschermittwoch?
*Für mich auf jeden Fall der **„geistliche Einkehrschwung"**.*

WARUM AUSGERECHNET PFARRERIN?

Wir waren den ganzen Tag Ski gefahren. Jetzt, nach dem Abendessen, saßen wir noch auf ein Glas an der Bar. Eine Handvoll Gäste besetzte die Hocker vor der Theke. Pistenrouten wurden verglichen und über den Schneezustand gefachsimpelt. Eine Atmosphäre wohliger Erschöpfung lag über der Runde, die entspannte Verbundenheit von Wintersportlern nach einem Tag in Sonne und Schnee.

Auch wer sich erst hier kennengelernt hatte, war nach dem ersten Glas per Du, spätestens beim zweiten Glas wussten alle, wo die Thekennachbarin links und der Sitznachbar rechts im Alltag zu Hause waren. Und irgendwann landeten wir bei der Frage: „Na, und was machst du so beruflich?"

„Ich bin Pfarrerin." Ein erstaunter Blick, ein kräftiger Schluck. „So siehst du gar nicht aus." Und dann, wie zur Entschuldigung: „Eigentlich siehst du ganz normal aus." Ich nahm es als Kompliment, unter Skifahrern. Und ahnte, was jetzt folgen würde. „Wie kommt man eigentlich dazu, Pfarrerin zu werden?"

Wir holten Nachschub an der Theke, dann begann ich zu erzählen: von der Jugendgruppe in meiner Heimatgemeinde – mit intensiver Gemeinschaft und heißen Diskussionen über Gott und die Welt. Es war kein einschneidendes Ereignis, das mich zum Theologiestudium brachte. Da gab es auch andere Pläne: Ärztin wollte ich werden – oder Journalistin. Und viele Fragezeichen gab es auch. Aber über all den Plänen doch immer die große Sehnsucht: den zu finden, der mein Leben trägt und hält.

Es ging schon auf Mitternacht zu, als wir uns verabschiedeten. „Ein bisschen beneide ich dich ja", einer drehte sich noch einmal zu mir um, „dass du dich getraut hast zu suchen."

„Bittet Gott, und er wird euch geben!
Sucht, und ihr werdet finden!
Klopft an, und euch wird die Tür geöffnet!"
(Lukas 11,9)

SPUREN IM SCHNEE

„Der Schnee ist schon ganz wenig", jammert unsere Jüngste. „Dabei will ich so gerne einen Schnee-Engel machen."

Ein Blick in den Garten zeigt: Sie hat recht. Der Boden ist weich und matschig. Gut für die ersten Schneeglöckchen – aber schlecht, um sich draufzulegen und mit den Armen Muster zu drücken. Also legt sie sich auf den Teppich im Wohnzimmer, ganz gerade, und klopft seitlich mit den Armen ein unsichtbares Flügelmuster auf den Boden.

Ihre Engelsspur ist auf dem Teppich nicht zu sehen. Aber sie ist im Raum deutlich zu spüren.

Es gibt einige Menschen, die in meinem Leben Spuren hinterlassen haben. Spuren von Lachen und Liebe, an die ich mich gern erinnere. Aber auch Spuren von schwierigen Begegnungen, die ich am liebsten aus meinem Gedächtnis löschen würde.

Die Spuren anderer Menschen, die sich mir eingeprägt haben, sind von außen unsichtbar. Und doch haben sie einen Eindruck hinterlassen. *„Christen sind Menschen mit Profil",* sagte mal einer, der sich dazu zählte. *„Sie hinterlassen einen tiefen Eindruck."*

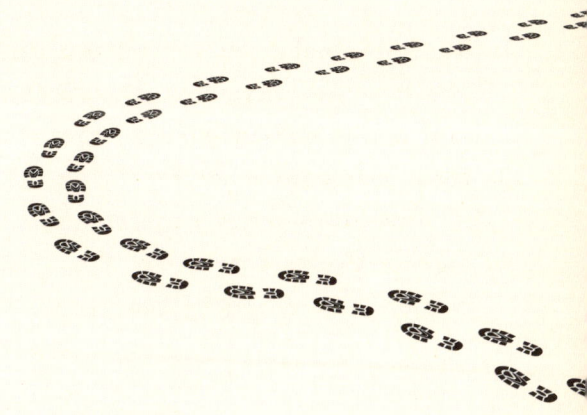

AUF EMPFANG

Ich feiere gerne Fasching. Schließlich haben mein Mann und ich uns an einem Faschingsdienstag kennengelernt – seitdem gehören rauschende Faschingsnächte zur Familientradition.
Trotzdem freue ich mich genauso auf die Zeit „danach". Und überlege schon jetzt, was ich in den Wochen bis Ostern gern hätte.

Am liebsten: viel Ruhe. Zum Beispiel: vier Wochen ins Kloster. Unbezahlten Urlaub nehmen und einfach abreisen ... Na ja, das bleibt wohl ein Traum. Aber dann wenigstens zu Hause: mehr Zeit für mich.

Im Alltag habe ich so viel um die Ohren – da überhöre ich manches. Darum brauche ich ab und zu Zeiten, um meine Antennen neu auf die Frequenzen auszurichten, für die sie gebaut sind. Ich möchte meine inneren Antennen für die Signale Gottes ausrichten. Damit ich wieder die richtige Einstellung bekomme.

Alles, was ich dazu brauche, ist täglich etwas Zeit: zum Beten, zum In-der-Bibel-Lesen, um mit anderen einen Gottesdienst zu feiern oder zur persönlichen Stille. Dann stellt sich meine Seele wieder neu auf Gott ein.

Der ist nämlich 24 Stunden am Tag sozusagen auf Sendung. Und ich kann ihn empfangen – wenn ich auf seine Frequenz ausgerichtet bin. Dann erlebe ich – während ich eine schöne Musik höre oder eine Tour in den Bergen mache –, dass sich plötzlich mein innerer Empfänger einschaltet.

Ab Aschermittwoch nehme ich mir Zeit: um in Ruhe auf die Signale Gottes in meinem Leben zu hören. ***Ich gehe auf Empfang.***

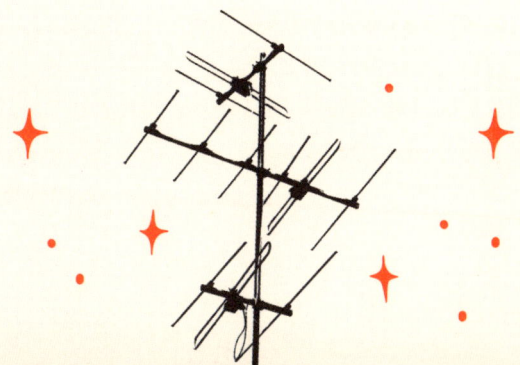

LOSLASSEN

Nougatcreme zum Frühstück, Fernsehen vor dem Einschlafen – ich kenne eine Menge Möglichkeiten, meine Tage mit genussvollen Extras zu verschönern. Normalerweise. Doch gerade jetzt ist Fastenzeit.

Fasten? Vor einigen Jahren musste mich eine Freundin dazu überreden. Fasten erschien mir lebens- und lustfeindlich, zwanghaft, und überhaupt, abnehmen hatte ich nicht nötig.
Ums Abnehmen geht es auch gar nicht. Sondern ums Loslassen. Das habe ich allmählich gelernt, durch kleine Übungen: Einmal eine Woche lang die Lieblingsschokolade weglassen. Am Sonntag bleibt das Auto in der Garage. Alles kein lebensnotwendiger Verzicht. Aber all das zeigt mir, wie wichtig ich manche Dinge in meinem Leben nehme, die so wichtig nun auch wieder nicht sind.

Es gibt ein Märchen, das den Sinn des Fastens beschreibt: das Märchen von den Sterntalern. Ein kleines Mädchen geht hinaus in die Welt, mit

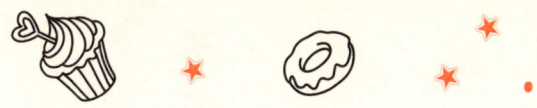

nichts als den Kleidern auf dem Leib und einem Stück Brot in der Hand. Einem Bettler am Weg gibt es sein Stück Brot und frierenden Kindern, die ihm begegnen, nacheinander seine Kleider, buchstäblich bis zum letzten Hemd. *„Und"*, heißt es dann, *„wie es so stand und gar nichts mehr hatte, fielen auf einmal die Sterne vom Himmel und waren lauter blanke Taler."*

Man kann dieses Märchen rührselig finden. Das Sterntaler-Mädchen gibt mehr, als man von einem Menschen erwarten kann. Aber das ist nicht der entscheidende Punkt. Wichtig ist die Kunst des Loslassens.

Es ist schon nach zwei Tagen Fasten zu spüren: kein Hunger, sondern waches Leben, mit klaren Sinnen. Der Lebensraum erweitert sich. Ich kann mich öffnen – öffnen für das, was Gott für mich bereithält.

Ich faste inzwischen gern. Denn – so paradox es klingt: gerade beim Fasten spüre ich, welche Fülle das Leben bereithält.

NEUBEGINN

Es gibt Kinderbücher, von denen können wir Erwachsene noch etwas lernen. Das Lieblingsbuch meiner Tochter ist so eins: die Geschichte vom Nilpferd Horatio. Während seine Nilpferd-Freunde den ganzen Tag im Fluss prusten und sich zufrieden im Dreck wälzen, will Horatio mehr: nicht mehr bis zum Hals im Schlamm sitzen. Sondern etwas Neues, ganz anderes erleben. „Ach, wär' ich ein Vogel", träumt er und möchte so leicht und frei wie sie dahinfliegen.

„Schlamm war gut genug für Großvater und Urgroßvater. Schlamm ist gut genug für mich und auch für deine Mutter. Also ist der Schlamm auch gut genug für dich, Horatio", bremst ihn sein Vater.

Horatio wagt es trotzdem: Eines Tages steigt er aus dem Schlamm und bricht ins Unbekannte auf. Er gibt sein altes Leben auf und fängt ein ganz neues an. Horatio geht in die weite Welt und wird berühmt: als Musiker.

Horatio ist – im wahrsten Sinn des Wortes – eine *„neue Kreatur"* geworden.

Manchmal wünsche ich mir die Kraft, wie Horatio etwas Neues zu wagen: den Mut zu haben, etwas Altes aufzugeben und zu einer *„neuen Kreatur"* zu werden.

Der Schlamm, in dem man steckt, ist vielleicht beim einen der Ehrgeiz, immer der Erfolgreichste sein zu wollen. Oder bei der anderen: die hat sich schon aufgegeben, sich damit abgefunden, dass sie sowieso keine Chance hat.

Ich kenne „meinen" Schlamm. Aber ich kenne auch meine Sehnsucht: diese bunten, freien Vögel. Ich sehne mich danach, dass sich – mit ein wenig eigenem Dazutun – so mancher Schlamm in nichts auflösen kann.

Ich wünsche mir, dass ich ein bisschen mehr auf „meine" bunten, freien Vögel höre. Damit auch ich – mit Gottes Hilfe – neu werde.

HEIMAT

Vor 45 Jahren war er nach Deutschland gekommen. Ein junger Mann damals, voll Staunen und Neugierde. Er sprach nur türkisch, lernte aber schnell. Seine Kinder wurden in Paderborn geboren. Er hat gut gelebt hier, hat viel gearbeitet. Jetzt wollte er heim, nach 45 Jahren.

Eine schwere Krankheit nagte seit einiger Zeit an ihm. Es ist kurz vor Mitternacht am Münchner Flughafen. Gedankenverloren rührt der Sohn in seiner Kaffeetasse. „Er hat gern hier gelebt. Seine Arbeit am Bau, seine Freunde waren ihm wichtig. Aber gestern sollte es plötzlich ganz schnell gehen. „Wir fliegen nach Istanbul", hat er nur gesagt. „Ich will heim."

Mühsam kämpft der Sohn mit den Tränen. Es war ihm nicht viel Zeit geblieben: Tickets besorgen, Koffer packen, die Verwandten in der Türkei informieren. Alles hat er geschafft.

Nur sein Vater, der hat es nicht mehr geschafft.
Er starb an Bord des Flugzeugs zwischen Frankfurt und Istanbul. Das Flugzeug musste wegen des Todesfalles in München landen. Und jetzt ist er nicht mehr in der neuen, noch nicht in der alten Heimat.

Es ist ruhig auf dem Münchner Flughafen, während wir warten, er, der Sohn, und wir, das evangelische Pfarrers-Ehepaar. Es ist alles besprochen, mit der bayerischen Polizei, dem muslimischen Bestatter – für heute Nacht bleibt nichts mehr zu tun.

„Aber morgen, da nehme ich ihn mit, in die Türkei." Er trinkt den letzten Schluck Kaffee. „Er wollte doch heim."

Und alle drei verstehen wir, was er damit meint. Über die Religionsgrenzen hinweg teilen wir die Hoffnung, dass sein Vater bei Gott angekommen ist in der himmlischen Heimat.

WIE EIN BLEISTIFT

Ein Leben wie ein Bleistift? Seine Großmutter erklärte ihm eines Tages, was sie damit meinte: Dass er einmal so werden solle wie ein Bleistift.
Sie zeigte auf die Spitze des Bleistifts. „Wenn ich länger damit schreibe", meinte sie, „muss ich den Bleistift immer wieder spitzen. Er wird dadurch zwar kleiner, aber nur so bleibt er spitz. So kann das, was du in deinem Leben an Schmerzhaftem ertragen musst, auch dich zu einem besseren Menschen machen."

Jetzt drehte sie den Stift um und zeigte auf das andere Ende. „Damit wir Fehler ausmerzen können, hat der Bleistift hier einen Radiergummi. Korrigieren ist nichts Schlechtes", meinte sie. „Im Gegenteil. Es ist notwendig, damit wir auf dem rechten Weg bleiben."
Und dann ließ sie ihn raten, was denn das

Wichtigste beim Bleistift sei: Das Holz? Die äußere Form? „Nein", lächelte sie. „Worauf es beim Bleistift ankommt, ist die Graphitmine, die in ihm steckt. Also achte immer auf das, was in dir vorgeht."

„Und schließlich", damit überreichte sie ihm den Stift, „merk dir auch die letzte Eigenschaft des Bleistifts: Er hinterlässt immer eine Spur. Vergiss nicht, dass alles, was du im Leben tust, Spuren hinterlässt. Versuche das, was du gerade tust, ganz bewusst zu machen.

Du kannst große Dinge tun,
aber du solltest nie vergessen,
dass es eine Hand gibt, die dich lenkt.
Gottes Hand."

PAUSENLOS?

"Ein bissel was geht noch." Nach diesem Motto füllt Martha ihre Tage aus – bis an den Rand.
Selbst die Lücken, die ihr zwischen zwei Terminen bleiben, lässt sie nicht ungenutzt. In drei Minuten muss sie das Haus verlassen? Dann kann sie ja noch schnell die Spülmaschine ausräumen. Der angekündigte Besuch ist noch nicht in Sicht? Dann ruft sie schnell noch ihre Freundin an. *„Ein bissel was geht noch"*, meint sie dann.

Aber manches, was sie so dazwischenschiebt, braucht doch mehr Zeit als ein „bissel". Dann ist der Zug, den sie noch erreichen will, gerade abgefahren, als sie zum Bahnhof kommt. Und ihre Freundin ärgert sich, wenn sie abrupt abgefertigt wird, weil Marthas Besuch jetzt auftaucht.

Ein bissel was geht noch – ganz will Martha von ihrem Motto nicht lassen. Aber jetzt, in der Fastenzeit vor Ostern, versucht sie, ihre Lücken anders zu nutzen: für sich! Wenn sie jetzt ein paar zufällig freie Minuten hat, gönnt sie sich eine Pause. Dann setzt sie sich für ein paar Augenblicke auf eine Bank in eine leere Kirche und hört auf ihre eigenen Atemzüge. Und spürt, wie dankbar sie ist für dieses beständige Wunder von Ein und Aus, das sie am Leben hält. Manchmal sieht sie auch aus dem Fenster. Und freut sich über die zartblauen Köpfe der Krokusse.

Die Atempausen tun Martha gut.

Freie Minuten zu nutzen, hält sie immer noch für sinnvoll. Jetzt aber auch für sich selbst.

VORÜBERGEHEND NICHT ERREICHBAR

Sie hatte diese Nummer gar nicht wählen wollen. Eigentlich wollte sie ihre Schwester anrufen. Für sie beide gab es noch manches zu regeln und zu besprechen. Seit der Beerdigung ihrer Mutter vor einer Woche waren sie kaum zum Nachdenken gekommen. Die Wohnung räumen, die Möbel, den Hausrat auflösen, und all die Kleider … Der Schmerz saß noch immer tief.

Sie hatte ihr Telefon aus der Handtasche geholt, und bevor sie nachdenken konnte, hatten ihre Finger wie von selbst auf die vertraute Nummer der Mutter gedrückt. Eine seit Jahren liebgewordene, in den letzten Wochen tägliche Gewohnheit.

Als sie ihren Irrtum bemerkte, wollte sie zuerst auflegen. Aber ihre Hand war wie gelähmt.

Angstvoll erwartete sie das endgültige: „Kein Anschluss unter dieser Nummer." Sie hielt vor Spannung die Luft an.

Und dann hörte sie die Ansage: *„Der gewünschte Teilnehmer ist vorübergehend nicht erreichbar."*

Vorübergehend nicht erreichbar. Sie lächelte.
Gott weiß, wann diese Verbindung wieder hergestellt wird.

NEHMT EINANDER AN

Mit einem eiligen Lächeln steht der Paketbote vor der Tür. Ob ich noch mal so freundlich wäre … Er hält mir ein kleines Gerät zur Unterschrift entgegen. Während ich meinen Namen auf die Oberfläche kritzle, stellt er ein großes Paket neben die Eingangstür. Die Lieferung ist nicht für mich, sondern für einen Nachbarn.

Selbstverständlich nehme ich die Pakete an – auch wenn sie für jemand anderen bestimmt sind. Keiner soll draußen vor der Tür bleiben müssen. Nicht mal ein Paket.

Während ich die Tür schließe, denke ich an Marko. Ob er sich vorkommt wie ein Paket, auf das keiner wartet? Im vergangenen Schuljahr haben sich seine Eltern getrennt und der Achtzehnjährige fand sich plötzlich ohne seine Familie, ohne festen Wohnsitz wieder. Wohin sollte er denn gehen? Mit der Mutter und den kleinen Geschwistern in die schon völlig überfüllte Zwei-Zimmer-Wohnung? Mit dem Vater ins Betriebswohnheim?

In diesem Moment öffnete sich eine ganz andere Tür. Die Eltern seines Freundes fragten Marko, ob er zu ihnen und ihren beiden Söhnen kommen wolle. Sie würden ihn gerne bei sich aufnehmen, ganz unkompliziert.

„Nehmt einander an, so wie Christus euch angenommen hat", heißt es in der Bibel (Römer 15,7).

Ganz unkompliziert und selbstverständlich.

DIE KUNST, AUFZURÄUMEN

„Die Kunst, aufzuräumen" – der Titel überzeugte mich sofort: Dieses Buch ist ein passendes Geschenk für meinen Mann. Erst beim Durchblättern des Bildbands bemerkte ich meinen Irrtum. Hier ging es gar nicht um gute Aufräum-Tipps, wie man das Chaos im Wohnzimmer beseitigt oder die Papierflut auf dem Schreibtisch in den Griff bekommt. Ganz im Gegenteil. Das Buch zeigt gerade die Schönheit der Unordnung.

Dafür stellt es jeweils zwei Bilder nebeneinander. Auf jeder linken Seite sieht man Situationen und Dinge, wie sie tatsächlich vorkommen. Auf der rechten Seite werden dann die gleichen – aber „in Ordnung" gebrachten – Gegenstände gezeigt. Das sieht mal lustig, mal erschreckend, auf jeden Fall aber sehr ungewohnt aus. Da gibt's zum Beispiel auf einer linken Seite einen vollen Suppenteller und daneben sind die Buchstabennudeln im Teller alphabetisch angeordnet.

Auf einer anderen rechten Seite sind Badegäste, deren Handtücher im Freibad nach Farben geordnet auf der Wiese liegen, und sie selbst liegen daneben nach Körpergröße aufgereiht.

Wirklich verblüfft aber hat mich das Bild vom künstlich geordneten Sternenhimmel. Da stapeln sich alle Sterne, wie in einem Lampengeschäft nach Größe und Leuchtkraft sortiert, in geraden Reihen nebeneinander.

Besonders der direkte Vergleich der Bilder überzeugt mich: Das vermeintliche „**Chaos**" der Natur ist von einer Schönheit, die jede künstliche Ordnung übertrifft.

„Wie wunderbar sind Gottes Werke", weiß schon die Bibel (vgl. Psalm 66,3). Ganz ohne aufzuräumen!

NIEMALS AUSGEWACHSEN

„Schau mal, wie groß ich schon bin." Zappelig zieht mich Leopold in Richtung Kinderzimmer. Vor der Tür bleibt er stehen. „Da!" Meine Augen folgen seinem kleinen Zeigefinger über den Türstock, bis ich die feinen Bleistiftstriche entdecke. Neben jeder Linie steht ein Datum. Leopold zeigt auf den obersten Strich mit dem Datum von gestern. „Ich wachse immer weiter, jeden Tag." Stolz grinst er mich an. Und fragt dann mit einem schrägen Blick zu mir hoch: „Bist du schon ganz fertig mit Wachsen?"

Ich bin erst mal verblüfft über die Frage. Ob ich ausgewachsen bin? Ja, natürlich, will ich schon sagen. Ich male keine Wachstumsstriche mehr an meine Schlafzimmertür. Aber dann denke ich an meinen Friseur, der alle paar Wochen meine nachgewachsenen Haare schneidet. Ich sehe auf meine täglich länger werdenden Fingernägel.

Rein äußerlich wachse ich noch kräftig!

Und über das innere Wachstum lese ich in meiner Bibel, dass wir „in allem zu Christus hinwachsen" sollen (Epheser 4,15).

Dahin will ich noch ein gutes Stück wachsen, mich stark machen für andere, mich einsetzen für die Kleinen. „Was hätte Jesus getan?" Mit dieser Frage strecke ich mich bei so mancher Entscheidung immer wieder ein Stück auf sein Vorbild hin und wachse weiter auf ihn zu.

Zu Leopold sage ich schließlich: *„Fertig mit Wachsen? Nein, fertig mit Wachsen bin ich noch lange nicht."*

STREICHELEINHEITEN

Wir sitzen in unserem Lieblingscafé, und während meine Freundin ihren Cappuccino holt, greife ich noch schnell nach meinem Handy. Mit einem leisen *Pling!* hat es gerade eine neu eingegangene Nachricht gemeldet. Ein kurzes Streichen mit dem Finger über die Oberfläche, ein Blick auf die neue Mail. Nichts Dringendes, entscheide ich, die Antwort darauf kann bis abends warten. Beruhigt schiebe ich das Gerät wieder in die Schutzhülle und drehe mich zu meiner Freundin.

Die hat mittlerweile eine dicke Cappuccino-Tasse in der Hand und einen kleinen Milchschaum-Rand auf der Oberlippe. Ihr Blick geht von mir zu meinem Handy und zurück. Mit einem Augenzwinkern fragt sie: *„Wusstest du, dass manche Menschen ihr Smartphone mehr streicheln als ihren Partner?"*

Ich bin erst mal verblüfft über die Frage, dann stimme ich in ihr Lachen ein. Auch ich ertappe mich erstaunlich oft dabei, wie ich tagsüber mit einem schnellen Wisch über die Oberfläche meines Mobiltelefons streiche: beim Frühstück, in der U-Bahn, beim Warten auf den Aufzug.

An diesem Nachmittag mit meiner Freundin habe ich mein Smartphone nicht mehr in die Hand genommen. Das kleine Kästchen soll mich nicht vom Wesentlichen ablenken. Es soll die Liebe transportieren, aber nicht Aufmerksamkeit und gar Zärtlichkeit für sich beanspruchen.

Ich habe mir fest vorgenommen, meinen Mann mehr zu streicheln als das Telefon.

UNVOLLKOMMEN VOLLKOMMEN

Wenn Klara nach ihrem Lieblingsmuseum gefragt wird, muss sie nicht lange überlegen. „Ganz klar: die Glyptothek." Hier, mitten in München, bestaunt sie regelmäßig Skulpturen aus der griechischen und römischen Antike, die der kunstbegeisterte König Ludwig I. vor 200 Jahren zusammentragen ließ.

Die Marmorstatuen stehen vor schlichten Ziegelmauern frei im Raum. Taghell ist es hier, durch die bodentiefen Fenster scheint die Sonne herein. Klara kann sich gut vorstellen, wie die Figuren einst genauso im Sonnenlicht den Marktplatz einer antiken Stadt schmückten. Heil und unversehrt waren sie da noch. Als Archäologen sie Jahrhunderte später aus dem Schutt der antiken Städte ausgruben, fanden sie die Figuren dagegen beschädigt: Den meisten fehlen Arme oder Beine, ihr Körper hat Risse und Teile sind herausgebrochen. Sie sind unvollkommen.

Dennoch beeindrucken sie Klara bis heute. Sie steht vor dem Torso einer jungen Frau und findet sie wunderschön. Obwohl sie schadhaft ist, mit Brüchen und Kanten, kann sie ihr ansehen, wie großartig sie einmal gedacht und ausgeführt war. Ihr Blick ruht auf der Marmorstatue, während sie an ihr eigenes Leben denkt. Da gibt es auch Ecken und Kanten, sie hat Fehler und manche Macken. Aber dass das nicht alles ist, daran erinnert sie ihr Konfirmationsspruch:

„Ein Mensch sieht, was vor Augen ist;
Gott aber sieht das Herz an"
(1. Samuel 16,7).

Das glaubt sie: Weder Ecken noch Kanten sind das Erste, was Gott in ihr sieht. Gott erkennt in ihr zuerst den ganzen Menschen, sieht in ihr sein geliebtes Geschöpf. Die unvollständigen Statuen und ihr Konfirmationsspruch helfen ihr, mit ihren eigenen Fehlern gelassener umzugehen – und mit den Schwächen anderer auch.

WAS AM ENDE KOMMT

Das Wichtigste kommt oft zum Schluss. Das erlebe ich als Pfarrerin bei Besuchen immer wieder. Da sitze ich lange mit einer Familie beim Taufgespräch, wir lernen uns kennen, unterhalten uns, planen gemeinsam. Dann stehe ich schließlich im Flur und will mich verabschieden, der eine Arm steckt schon im Mantel, der andere fischt nach dem Autoschlüssel, da fällt der Familie noch etwas ein, was sie unbedingt sagen will. Kein schlichtes „Bis bald" oder „Wir melden uns". Oft kommt gerade im Moment des Abschiednehmens noch etwas ganz Wesentliches. Auf der Schwelle Gesagtes ist oft besonders wichtig.

Das war schon bei Jesus so. In meiner Bibel lese ich gerade seine „Abschiedsreden". Es sind Sätze, die er „auf der Schwelle" sagt, beim Abschied

von seinen Freunden. „Frieden", sagt Jesus da am Ende, *„Frieden hinterlasse ich euch. Euer Herz erschrecke nicht. Meinen Frieden gebe ich euch" (vgl. Johannes 14,27).*

Das Wichtigste hat er sich bis zum Schluss aufgehoben. Es sind die entscheidenden Botschaften, die oft am Ende gesagt werden. Wenn einer weiß, dass ihm nicht mehr viel Zeit bleibt, um etwas zu sagen. Wenn er oder sie befürchtet, dass die Chance bald vorbei ist, weil sich die Besucher verabschieden und gleich weg sind. Dann, wenn die Zeit also drängt, kommt oft das Wichtigste.

Weil ich das weiß, achte ich jetzt besonders darauf, was am Ende noch kommt, und höre besonders sorgsam auf das, was „auf der Schwelle" gesagt wird. Nicht nur bei Taufgesprächen.

DER MOTORRADGOTTESDIENST

Auf der Dorfstraße dröhnt es aus allen Rohren: Heute ist Motorradgottesdienst. Hunderte von Bikern steuern ihre schweren Maschinen zu der großen Wiese am Ortsrand. Wo wochentags Kühe friedlich grasen, vibriert heute die Erde. Lange Haare und wehende Bärte über Lederfransen, schwere Motorradstiefel wohin man sieht. Die meisten Männer und Frauen, die unter den Helmen hervorkommen, nehmen seit Jahren teil. Was sie verbindet, ist die Freude am Fahren. Aber sie wissen auch: Selbst die kürzeste Tour kann schnell zur Tragödie werden. Beinah jeder weiß eine Geschichte zu erzählen von Bikern, die auf der Straße ihr Leben verloren, weil sie in engen Kurven zu schnell unterwegs waren oder ein Autofahrer sie an einer Kreuzung übersehen hat.

Deswegen sind sie heute hier, und ich mittendrin. Wir hören den Worten der beiden Pfarrer zu, die von den „fiesen Schlaglöchern" des Lebens predigen und von der Ruhe und Gelassenheit, wenn es mal nicht so zügig vorangeht auf der

Landstraße. Wir falten die Hände, als wir für die verstorbenen Motorradfahrer beten. Und dann kommt das für uns Wichtigste: der Segen.

In einer langen Prozession fahren wir an den Pfarrern vorbei, und lassen uns von dem einen mit Weihwasser besprengen und vom anderen mit dem Kreuzzeichen segnen.

Beim anschließenden Mittagessen im Festzelt sagt einer: *„Das gibt mir Sicherheit, es gibt mir ein besonderes Bewusstsein, wenn ich am Anfang der Motorradsaison den Segen Gottes erhalte. Gott begleitet mich auf meinen Wegen."* Die anderen nicken.

Ja, denke ich, als ich meine Maschine wieder heimwärts über den Asphalt lenke. Ich fahre jetzt mit einem besonderen Bewusstsein – und dem Segen Gottes.

PHANTOMKLINGELN

„Pst, seid doch mal bitte kurz still. Ist das mein Telefon?"

Noch während ich in der Handtasche nach meinem Handy angle, verstummen die Gespräche am Tisch. Erwartungsvoll schauen die einen, meine Tochter verdreht die Augen.

Mir genügt ein kurzer Blick auf das Display – nein, da war kein Anruf. Verlegen stecke ich das Gerät wieder in die Tasche. „Falscher Alarm. War wohl nur ein Rauschen im Ohr."

So ein „Phantomklingeln" passiert nicht nur mir. Immer wieder sehe ich Frauen, die an ihrer Handtasche horchen, Männer, die sich an die Brust fassen, um zu fühlen, ob das Handy vibriert oder ob es doch nur der eigene Herzschlag war.

In allem Umgebungslärm horchen wir nach dem Ton unseres Mobiltelefons. Ruft uns da nicht einer?

Wir scheinen eine große Sehnsucht zu haben, dass uns einer ständig sagt: *„Du wirst gebraucht."* Oder ist es das Pflichtgefühl, ja nichts falsch zu machen, keinen hängen zu lassen? Immer die verantwortliche Pfarrerin, Geschäftsfrau, Mutter zu sein?

Phantomklingeln ist ein Zeichen dafür, wie sehr wir unter Druck stehen – unter Erfolgsdruck, Leistungsdruck, Zeitdruck. Als müssten wir uns das Dasein verdienen. Aber das ist eine Täuschung. Es ist uns geschenkt. Umsonst! Wir sind schon wer, bevor uns ein Mensch ruft.

Gott sei Dank. *„Ich habe dich bei deinem Namen gerufen, du gehörst zu mir"*, hieß es bei meiner Taufe (Jesaja 43,1).

Auch ohne Handyklingeln weiß ich: Ich bin ihm wichtig.

IM NEANDERTAL

Idyllisch schlängelt sich die Düssel durch das Tal. Einer Stadt in der Nachbarschaft hat sie den Namen gegeben: Düsseldorf. Auch das Tal könnte sich nach ihr benennen. Tut's aber nicht.
Das Tal hat sich einen ganz anderen Namensgeber gesucht.

Als Prediger und Kirchenkomponist machte er sich schon zu Lebzeiten einen Namen. Joachim Neander lebte und arbeitete Ende des 17. Jahrhunderts in Düsseldorf. Oft zog es ihn hinaus in das Tal der Düssel. Hier hielt er Gottesdienste, dichtete Lieder. *„Lobe den Herren, den mächtigen König der Ehren"* entstand hier. Es gehört bis heute zu jedem Festgottesdienst. Keine Taufe, keine Hochzeit ohne Neanders Lobgesang auf den, *„der alles so herrlich regieret, der dich auf Adelers Fittichen sicher geführt"*.

Joachim Neander zu Ehren wurde das Tal der Düssel später Neander-Tal genannt.

Die wenigsten von uns würden es heute wohl kennen. Wenn nicht im Jahr 1856 zwei Steinbrucharbeiter in eben diesem Tal Knochenfragmente gefunden hätten.

Die sollten noch berühmter werden als der fromme Neander: stammten sie doch von einem urzeitlichen Menschen, gut 42.000 Jahre alt – dem *„Neandertaler"*.

So trägt nun tatsächlich eine Epoche der Menschheitsentwicklung beziehungsweise ein Urzeitmensch den Namen eines evangelischen Pfarrers.

„Denke daran, was der Allmächtige kann", hatte der einst gedichtet.

WICHTIGE WORTE

Dieses Buch liebte unsere Tochter schon als Kind: die Geschichte vom Hamstermädchen Lola, das morgens aufwacht mit besonderen Worten auf der Zunge.

„Meine Backen sind ganz dick vor lauter Worten", spürt sie. Und versucht dann den ganzen Tag über, jemandem diese besonderen Worte zu sagen.

Aber ihr Papa ist schon aus dem Haus, ihre Mama hat gerade keine Zeit, in der Schule ist es zu laut, beim Mittagessen muss sie kauen …

Den gesamten Tag über findet Lola keine Gelegenheit, jemandem ihre besonderen Worte zu sagen. Ihre Backen werden dicker und dicker. Schließlich – es wird bereits Abend, Lolas Laune ist auf dem Tiefpunkt – merken ihre Eltern: „Was hast du denn, Lola? Sag es uns!"
Und da platzt es endlich aus Lola heraus: *„Ich hab euch sooo lieb!"*

Lolas Buch fiel unserer Tochter kürzlich beim Aufräumen wieder in die Hände. Und auch wenn sie mittlerweile ein hochgewachsener Teenager ist: Der alte Zauber war sofort wieder da. Zu zweit saßen wir schließlich über den Bildern und merkten: Auch wir haben oft Worte, die gesagt werden wollen, und die wir einfach nicht herausbringen.

Dann kaue ich an einem „Es tut mir leid" stundenlang herum, warte auf den vermeintlich richtigen Augenblick, bis meine Backen vor Anspannung immer dicker werden. Und wie oft trage ich einen liebevollen Gedanken den ganzen Tag mit mir herum, bevor ich zum Telefon greife. *„Ich denk an dich. Ich hab dich lieb."*

„Lasst die Sonne nicht über eurem Zorn untergehen", rät die Bibel (Epheser 4,26), wenn es darum geht, eine Versöhnung nicht auf den nächsten Tag zu verschieben. Das Gleiche gilt auch für liebevolle Gedanken. Für ein *„Ich hab dich lieb"*.

ICH DACHTE,
ES WÄRE MEIN MANN

Meine brummige oder gereizte Stimmung muss seltsamerweise vor allem derjenige ertragen, den ich am liebsten habe: mein Mann.

Es tröstet wenig, dass ich damit nicht allein stehe. Der französische Außenminister Robert Schuman wurde einmal gefragt, warum er nicht geheiratet habe. „Vor langer Zeit", antwortete er, „als ich einmal in der U-Bahn fuhr, trat ich zufällig einer Dame auf den Fuß. Bevor ich mich entschuldigen konnte, kreischte sie los: „Trottel, kannst du denn nicht aufpassen, wo du hintrampelst!" Dann sah sie mich an, errötete und rief aus: „Oh, entschuldigen Sie bitte, mein Herr, ich dachte, es wäre mein Mann!"
Es ist oft so: Den, den man liebt, belastet man am meisten.

Von der Liebe schreibt der Apostel Paulus allerdings ganz anders. Er sagt, die Liebe ist langmütig und freundlich. Die Liebe treibt keinen

Mutwillen und sie verhält sich nicht ungehörig (vgl. 1. Korinther 13,4-5).

So perfekt bekommen wir Menschen das meist nicht hin. Unsere Liebe ist eher brüchig, wir sind ungeduldig und gereizt, selbst wenn wir uns mühen. Aber es wäre schon etwas, wenn wir uns bemühen. Gerade die Menschen, die wir lieben, brauchen besonders viel Liebe, Wertschätzung und auch Achtung. Da hat Paulus recht. Damit die Liebe nicht aufhört.

AM LIEBSTEN NETTO

„Ich mag ihn wirklich gern. Aber manchmal könnt ich ihn auf den Mond schießen." Energisch rührt meine Freundin in ihrer Kaffeetasse. Es ist bereits die dritte Tasse, über der sie mir von ihrer Beziehungskrise erzählt. Genau genommen: von Klaus.

Eigentlich findet sie Klaus wunderbar. Sie liebt ihn.

Aber bei jeder guten Eigenschaft fällt ihr auch etwas ein, was sie an ihm stört. *„Am liebsten"*, meint sie, *„hätte ich ihn nur netto!"* Sie schiebt die leere Kaffeetasse weg. *„Nicht brutto, sondern netto. Unter Abzug aller Belastungen."*

Darüber müssen wir beide lachen. Aber ich verstehe, was sie meint. Wir Menschen tun uns oft schwer damit, einander so zu akzeptieren, wie wir sind. Mit unseren liebenswerten Seiten und mit unseren Fehlern. Wir hätten uns am liebsten nur „netto". Aber wir sind eben beides.

Das sieht auch meine Freundin.

Und sie weiß: Mit einem Partner zusammenzuleben bedeutet, den anderen lassen zu können, wie er ist. Ihn anzunehmen und zu lieben – nicht nur, weil er dies oder das tut. Sondern weil er so ist, wie ihn Gott geschaffen hat. Gott liebt uns auch so, wie wir sind – umfassend. Mit unserem liebenswerten Kern und mit unseren Fehlern, Ängsten und all dem, was schiefläuft. Eben brutto.

ANGEHAUCHT

"Heile, heile, Segen, drei Tage Regen …"

Behutsam pustet Verena auf Julians Knie. Die Schramme, die er sich beim Abrutschen vom Klettergerüst geholt hat, ist kaum zu sehen, aber sie schmerzt doch. Zumindest so, dass Julian sich gern deswegen in den Arm nehmen und bepusten lässt.

Seit vielen Jahren schon arbeitet Verena in der Kita und sie weiß: das hilft. Sie hat viele kleine und große Schrammen gesehen, hat gegen kleine und große Ängste Trost zugepustet.

Mich erinnert es daran, wie Jesus seinen Freunden den Hauch Gottes zubläst. Da saßen sie besorgt

und unschlüssig zusammen, und plötzlich steht Jesus vor ihnen und bläst sie an. Bläst ihnen mit seinem Hauch den Geist Gottes zu.

Das ist viel mehr als „heile, heile, Segen". Mit dem Geist Gottes erhalten Jesu Freunde nicht nur schnellen Trost. Sondern die spürbare Gewissheit: Gott ist mit euch. Er lässt euch nicht allein. Besonders dann nicht, wenn ihr euch verlassen und mutlos fühlt.

Dieser Geist Gottes, den Jesus damals seinen Freunden schenkte, ist noch immer in der Welt. Gott will uns anhauchen und mit Geist beschenken. Das ist Pfingsten.

„ICH MACH'S"

Manche nennen es „die Runde mit den roten Ohren". Wenn nach einer Frage eine plötzliche, peinliche Stille einkehrt. In der Familie, wenn es ums Aufräumen geht. In der Arbeit, wenn jemand eine zusätzliche Aufgabe übernehmen soll. Immer dann, wenn sich alle einig sind, dass dieses und jenes gemacht werden soll. Und dann folgt auf die Frage *„Wer macht das?"* Stille.

Ganz anders reagiert der biblische Prophet Jesaja. Als Gott in der himmlischen Runde die Frage stellt: *„Wen soll ich senden?"*, hebt er den Finger: *„Sende mich!"*

Dabei ist die Aufgabe, die er in göttlicher Mission erledigen soll, wahrlich keine leichte.
Und er ahnt, dass er mit seiner Botschaft vielleicht gar keinen Erfolg haben wird. Und trotzdem sagt er: Ich mache es.

Es gibt vieles in unserer Zeit, wo Menschen sagen: „Da muss es jemand anderen geben." Aber ich glaube, dass es viel mehr Menschen braucht, die wie Jesaja sagen: *„Ich mach's."*

Jesaja hat sich für sein ganzes Leben dazu verpflichtet. Das kann nicht jeder. Aber sich vielleicht kurzzeitig für eine Aufgabe engagieren, bei der Nachbarschaftshilfe beispielsweise oder in seiner Kirchengemeinde, das könnte doch gehen. Dass man nicht in der Runde mit roten Ohren dasteht und schweigt, sondern einfach sagt: *„Ich mach's."*

SOMMER

ZEIT FÜR STILLE

Es ist immer ein wenig zu kalt, in Deutschland – so kommt es mir zumindest vor, seit ich aus Afrika zurück bin.

Fünf Jahre lang habe ich dort gelebt, mitten in der tansanischen Steppe. In einer kleinen Handwerker- und Bibelschule habe ich jungen Erwachsenen beigebracht zu lesen, zu schreiben und zu rechnen, zu nähen und zu schreinern, selbst zu unterrichten und zu predigen.

Und so wie ich ihnen den Reichtum der Bibel näherbrachte, lernte ich selbst etwas von den Schätzen ihrer Weisheit kennen. Zum Beispiel afrikanische Sprichwörter:

„In jedem Menschen kämpfen zwei Hunde miteinander", sagt ein solches Sprichwort. *„Derjenige wird siegen, den du am meisten fütterst!"*

Von den vielen denkbaren Hunden in mir kenne ich zwei besonders gut:

„Es hat doch keinen Zweck", knurrt der eine Hund, wenn besonders viele Aufgaben und Schwierigkeiten mir den Blick nach vorn verstellen. *„Lass es bleiben – gib auf."*

Der andere Hund bellt freundlicher. *„Das schaffst du. Das traue ich dir zu."*

Damit genau dieser Hund siegt, muss ich ihn immer wieder füttern. Muss ich mir Zeit nehmen, damit mein Vertrauen wachsen kann.

Ich nehme mir eine Viertelstunde Zeit für Stille, meistens am Morgen. Eine Zeit nur für Gott und mich. Zu Hause. An meinem Lieblingsplatz. Oder ich gehe in der Mittagspause in unsere Kirche. Manchmal lese ich dabei einen Vers aus der Bibel. Oder ich summe – nur für mich – ein Lied. Und dabei spüre ich dann den Rückenwind Gottes. Das ist Futter für den richtigen Hund, wie man in Afrika sagen würde.

Ich merke in solchen Momenten, dass es mir – auch wenn es draußen kalt ist – warm wird, in Deutschland.

DER CO-PILOT

"Selbstverständlich sitzen im Cockpit unserer Maschine zwei Piloten." Die Flugbegleiterin lächelt freundlich, während sie der Dame in Reihe 17 antwortet und gleichzeitig einen Plastikbecher mit Orangensaft reicht. *"Kein Pilot würde einen Langstrecken-Flug ohne Co-Piloten antreten."*

Mit einem energischen Schub befördert sie den Getränkewagen ein Stück weiter zu den nächsten Passagieren.

Die Dame in Reihe 17 lehnt sich entspannt in ihren Polstersitz zurück.
Jeder Pilot hat einen Co-Piloten. Einen, der sich auskennt. Der die Richtung angeben kann. Der bei ruhigem Wetter genauso wie in Turbulenzen den Kurs hält.
Sehr beruhigend findet sie so einen Co-Piloten, wenn es ums Steuern eines großen Flugzeugs geht.

Sie nippt an ihrem Orangensaft und streckt die Beine vorsichtig unter den Vordersitz.

In ihrem Leben fällt ihr das nicht so leicht. Es ist doch ein Wagnis, mich einem anderen ganz zu überlassen, denkt sie. Zuzulassen, dass ein anderer meinen Weg bestimmt. Ihm zu vertrauen, dass er mich sicher führt. Sie nimmt noch einen Schluck Saft. Aber wie gut könnte das sein.

Sie muss an ihre Oma denken, wie die gesungen hat, wenn sie sie ins Bett brachte:
„Führe mich o Herr und leite meinen Gang nach deinem Wort; sei und bleibe du auch heute mein Beschützer und mein Hort. Nirgends als von dir allein kann ich recht bewahret sein."

Sich Gott anvertrauen, denkt sie, bevor sie ihren Sitz in Liegeposition verstellt, ja, wie gut könnte das sein.

FOLLOW ME

„Follow me" blinkt das gelbe Fahrzeug vor uns auf dem Rollfeld. Nach drei Tagen Kongress in Hamburg bin ich gerade wieder in München gelandet. Jetzt bahnt das blinkende *„Follow me"* unserem Flugzeug den Weg zur Ankunftshalle. *Follow me – folge mir.*

Auf den Fahrwegen und Rollbahnen herrscht dichter Verkehr: Flugzeuge, Busse, Gepäckwagen und Autos sind hier unterwegs. Und doch kommen sich selbst die großen Jets am Boden nicht in die Quere. Eben weil es diese *„Follow-mes"* gibt: mobile Wegweiser, die vorausfahren und zeigen: Hier geht's lang.

Während ich am Gepäckband auf meinen Koffer warte, blinkt das *„Follow me"* in meinen Gedanken weiter. Ja, genau so einen „Vorausfahrer" und Wegzeiger, wie ihn die Flugzeuge haben, den brauche ich auch. Jemanden, der mir den besten Weg, die wirklich wichtigen Spuren in meinem Leben zeigt. Jemanden, der mich leitet und zum Ziel führt.

Jesus war für seine Jünger so ein *„Follow me"*. „Folgt mir nach", rief er ihnen zu. „Schaut nicht zurück, sondern kommt mit, ich zeige euch, woher das Leben zu erwarten ist."
Jesus machte ihnen deutlich, welche Wege wichtig sind im Leben. Wohin es sich zu gehen lohnt. Wo die Liebe wohnt.

Ich schalte mein Handy ein und hieve den Koffer vom Rollband. Draußen, vor der Glastür, warten mein Mann und die Kinder auf mich. Sie winken heftig. Ich merke, wie mein Herz schneller schlägt. *„Follow me",* pocht es.

Meine beiden Töchter fliegen mir entgegen, ich muss ein bisschen in die Knie gehen, um sie aufzufangen. Über ihre Köpfe lachen mein Mann und ich uns an. Unsere beiden – zwei Geschenke Gottes.

Schon sind sie wieder davon, das Fußgänger-Rollband lockt. ***Mein Mann und ich, wir folgen ihnen.***

KAROS WEG

Ihr erstes Wort auf Englisch war das für Essen – *food*. Sie lernte es mit vier Jahren, als ihre Mutter sie in die Stadt schickte, um essbare Reste zu suchen.

Ich treffe Karo im Büro einer Organisation, die sich um Straßenkinder in Uganda kümmert. Mittlerweile eine junge Frau, erzählt sie mir in flüssigem Englisch ihre Geschichte.

Sie beginnt im Bürgerkrieg, vor dem ihre Großeltern einst flohen, schildert den Slum, in dem ihre Mutter geboren wurde, und 17 Jahre später auch Karo.

In einem Haus aus Holzlatten und Plastikplanen wuchs sie auf. Als sie vier ist, sterben ihre Großeltern, die Mutter ist da schon alkoholkrank, ihren Vater lernt sie nie kennen.
„Essen", mit diesem einzigen Wort macht sich Karo auf den Weg in die Stadt.

Das Leben dort ist grausam. Irgendwann berichten ihr andere Kinder von dem Ort mit süßem Haferbrei und warmen Duschen, dem Platz zum Spielen und der Schule. Aber Vertrauen zu Erwachsenen, Zuversicht, dass es jemand gut mit ihr meint – sie kennt es nicht. Doch sie geht hin und erlebt: Da sorgt sich wirklich jemand um mich. Ich bin wichtig.

Karo ist jetzt 27. Ihr Weg durch die Schule bis zum Universitätsabschluss in Betriebswirtschaft war kein leichter. Aber sie musste ihn nicht allein gehen. Heute engagiert sie sich selbst für Kinder, die auf der Straße leben.
Was sie selbst erlebt hat, will sie ihnen weitergeben. Sie fasst es zusammen in einem Satz aus der Bibel, den ich in ihrem kleinen Büro an der Wand lese:

„Du bist kostbar in meinen Augen und wertgeachtet, und ich habe dich lieb" (vgl. Jesaja 43,4).

SEGEN IM EINWANDERUNGSBÜRO

Sie war gerade einmal vier Wochen alt und immer noch sehr müde. Unsere neugeborene Tochter verschlief ihren ersten Umzug ins Ausland beinah vollständig. Flugzeug, Passkontrolle – nichts konnte ihren tiefen Säuglingsschlaf unterbrechen. Auch der Besuch beim Fotografen nicht: Für die Aufenthaltsgenehmigung in Ostafrika, wo wir damals lebten, brauchte sie ein Passfoto. Süß schlummerte sie darauf, mit geschlossenen Augen.

Doch die sollten zum Problem werden. Geschlossene Augen auf einem Passfoto, nein, erklärte uns der Beamte im Einwanderungsbüro, geschlossene Augen könne er nicht akzeptieren. Da half weder der Hinweis auf ihr zartes Alter. Noch die Aussicht, dass Kinder ja schnell wachsen und ihr Aussehen sich verändern würde und deshalb ein Passbild auch mit offenen Augen kaum hilfreich sei.

Wir versuchten es mit Argumenten, versuchten es mit Bitten: Könnte er die Aufenthaltsgenehmigung nicht doch ausstellen? Unser Gegenüber zog sich zur Beratung zurück. Schließlich kam er mit einem Kollegen wieder. Wir seien doch Pfarrer, oder? Da gäbe es schon eine Möglichkeit, den Antrag zu genehmigen ... Wenn wir ihn und die Kollegen segneten. Unsicher sahen mein Mann und ich uns an. Hatten wir den Beamten richtig verstanden? Mein Mann fragte nach: Wie viel Shilling soll denn der „Segen" betragen? Nein, nein, antwortete er, Sie haben mich missverstanden. Ein kräftiger geistlicher Segen, der wäre jetzt hilfreich.

Im Einwanderungsbüro verstummten die Gespräche. Gespannte Erwartung lag über der Schalterhalle. Beamtinnen und Beamte kamen zusammen.

„Gott segne und behüte dich. Er lasse sein Angesicht leuchten über dir und sei dir gnädig. Er erhebe sein Angesicht auf dich und gebe dir Frieden" (vgl. 4. Mose 6,24).

Der Beamte war zufrieden und gestärkt. Er hat den Segen bekommen.

Und unsere Tochter die Aufenthaltsgenehmigung.

JEDER NACH SEINEN GABEN

Johanna sitzt neben mir in der Eisdiele, ihre Stirn in Falten. Normalerweise widmet sie sich einem Schokoladeneis immer mit größter Hingabe. Heute schleckt sie gedankenversunken an ihrer Kugel. Mit der ganzen Konzentrationsfähigkeit ihrer neun Jahre grübelt sie an einer wichtigen Entscheidung: die weiterführende Schule. Wenn ihr viertes Grundschuljahr vorbei ist – wohin soll sie dann gehen?

Als das Eis geschafft ist, erklärt sie mir, welche Lösung sie gefunden hat:

Alle, die gern singen und Musik machen, meint sie, die sollen in eine Musikschule gehen. Alle, die wie sie selbst gern Sport machen, auf eine Sportschule. Diejenigen mit Lust am Malen und Basteln gehören in eine Kunstschule, und so weiter. Und der Rest, erklärt sie mit ernsthaftem Bedauern, der müsste dann halt aufs Gymnasium.

Ich bin verblüfft und muss dann lachen. Mit kindlicher Klugheit erkennt sie ein Prinzip, das auch erfahrene Pädagogen empfehlen: jedes Kind nach den eigenen Gaben und Bedürfnissen zu fördern und zu fordern.

Den eigenen Stärken zu folgen in dem, was ich tue – für mich und für andere –, dazu rät auch meine Bibel: *„Jeder soll dem anderen mit der Begabung dienen, die ihm Gott gegeben hat. Wenn ihr die vielfältigen Gaben Gottes in dieser Weise gebraucht, setzt ihr sie richtig ein"* *(1. Petrus 4,10).*

Mit Gnade haushalten, Begabungen ausleben und bei anderen fördern – ich wünsche mir, dass uns das immer mehr gelingt, den Großen und den Kleinen.

HOFFEN UND HÜPFEN

Ungeduldig hüpft Dominic von einem Bein auf das andere. Er kann es kaum erwarten, bis er in der Schlange vor dem Eingang zum Freibad das Drehkreuz erreicht. Seit zwei Tagen freut er sich auf den Besuch im Schwimmbad. Freut sich auf seine himmelblaue Badehose, die Rutsche im Kinderbecken und die süße Cola, die er zu Hause nie trinken darf. Und noch etwas lässt ihn heute zappeln. Mit mir, seiner Patentante, will er heute ausprobieren, ob ihn das Wasser nicht auch ohne Schwimmflügel trägt. In hoffnungsvoller Vorfreude hopst er wie ein Gummiball in Richtung Drehkreuz.

Hoffen und Hüpfen gehören zusammen. Mein Wörterbuch weiß auch warum. Beides leitet sich vom mittelniederdeutschen Wort *„hopen"* ab. *„Vor Erwartung unruhig springen."*

Ich stelle mir für einen Moment vor, wie das aussehen könnte, wenn auch wir Erwachsenen unsere Hoffnungen und Erwartungen hüpfend ausdrückten. Je größer unsere Zuversicht wäre, je stärker unsere Hoffnung, desto höher unsere Sprünge. Dann kämen wir zum Beispiel sonntags mit Freudensprüngen aus den Kirchen, und hoffnungsfrohe Christenmenschen wären bei Hochsprung-Wettbewerben auf den ersten Plätzen zu finden.

Es bleibt wohl eine originelle Idee, unsere Hoffnungsstärke an der Sprunghöhe zu messen. Und doch setzt Hoffnung Kräfte frei, bringt mich in Bewegung – oder zumindest in eine frohe Grundstimmung. *„Seid fröhlich in Hoffnung"*, rät schon der Apostel Paulus (Römer 12,12a).

Im Freibad sind Dominic und ich die letzten Meter bis zum Becken auf jeweils einem Bein gehüpft.

WAS WIR ALLES ANHABEN

"Bei Tante Inge ist es so schön." **Klara seufzt tief. Da genießen wir noch die letzten Sonnenstrahlen auf der Terrasse und während es langsam dunkel wird, kuschelt sich Klara in den Liegestuhl und erzählt mit verträumten Augen von den letzten Tagen. Eine ganze Woche lang durfte sie Ferien bei Tante Inge machen. Jetzt ist sie wieder zu Hause – und noch immer ganz erfüllt von all dem, was sie erlebt hat.** *"Jeden Abend hat sie mir mindestens drei Geschichten vorgelesen."* – *"Und beim Pfannkuchenbacken haben wir gesungen."* – *"Und wenn wir im Wohnzimmer saßen, hatten wir gar nichts an."* –

Wie bitte?

Klara gähnt genüsslich. *"Nein, gar nichts an: Keinen Fernseher. Kein Video. Keinen Computer. Nur die kleine Leselampe war an. Wegen der Geschichte."*

Ich gestehe: Es kommt auch bei mir selten vor, dass ich mal *"nichts anhabe"*.

In die Stille höre. Auf den eigenen Herzschlag.
Oder die Stimme einer Lieblingstante.

„Weniger ist mehr", rät die gerne. Unsere Klara hat
sie damit überzeugt.

Und mich auch.

DIE ALTE BIBEL

Wir sitzen beim Traugespräch: das junge Paar, das in zwei Monaten heiraten will. Und ich, die Pfarrerin, die sie trauen darf.

Es gibt vieles zu planen: die Lieder auswählen, die Traufragen, die Fürbitten. Schließlich geht es um den Trauspruch. Ob sie denn eine Bibel haben, damit wir einen passenden Vers aussuchen können, frage ich.

Die beiden zögern. Hat er nicht noch eine Bibel aus der Konfirmandenzeit? Aber wo die ist …

Da steht die Frau plötzlich auf, geht zum Bücherregal und zieht nach einigem Suchen einen schwarzen Band heraus, in alten, verblichenen Buchstaben geschrieben. „Von meinen Urgroßeltern", meint sie und pustet die dünne Staubschicht vom Rücken. „Diese Bibel haben wir. Aber sie ist uralt. Ich weiß nicht, ob die heute noch gilt?"

Ich kann sie beruhigen. Gott hat uns auch heute noch etwas zu sagen. Die Bibel ist sein „Brief"

an jeden Menschen: Er schreibt uns, was wir tun können, damit unser Leben gelingt. Vor 2000 Jahren und früher ist dieser Brief von Menschen aufgeschrieben worden. Und muss seitdem für jede Generation immer wieder neu übersetzt werden.
Darum gibt es moderne Bibelausgaben, in zeitgemäßer Sprache. Damit wir Gottes Brief heute verstehen.

Das hat auch das Brautpaar entdeckt. Nach 14 Tagen rufen die beiden noch einmal an: Ja, wir haben einen Vers gefunden, erklären sie. Wir haben lange gesucht, geblättert, gelesen, diskutiert – und uns jetzt auf ein Segenswort für unsere Ehe geeinigt.

Die Bibel – sie birgt viele Schätze. Sie lassen sich entdecken – probieren Sie's aus!

CEZANNES LEITER

Staunend stehen meine Freundin und ich in dem kleinen Museum. Hier, mitten in der Provence, hat der Maler Paul Cezanne also gelebt, in seinem Atelier sind weltbekannte Bilder entstanden. In diesem Arbeitsraum steht wie ein riesiges A eine meterhohe Holzleiter; sie reicht bis zur Zimmerdecke. „Mit solchen Leitern", erklärt die Führerin, „pflückten die Bauern der Gegend früher die Oliven von den Sträuchern. Cezanne aber nutzte sie für seine Malerei."

Sie zeigt zuerst auf eine Schale mit Äpfeln auf der Kommode neben der Leiter. Ob wir die sehen? Dann präsentiert sie uns eines von Cezannes Gemälden dieser Apfelschale. Wir staunen: Das Bild zeigt die Schale von oben – aus der Vogelperspektive.

Immer und immer wieder muss der Maler auf die Leiter gestiegen sein, um die Früchte von oben zu betrachten. Und die Mühe des ständigen Raufkletterns hat sich gelohnt: Von hier oben hat er etwas erkannt, was sich ihm aus der Nähe nicht erschlossen hat. Das Geheimnis mancher seiner Bilder – es steckt in der Leiter und dem himmelhohen neuen Blick auf die Dinge.

Zu Hause habe ich keinen Platz für eine so große Leiter. Aber ein Foto von Cezannes Atelier habe ich mir auf den Schreibtisch gestellt. Es erinnert mich daran, dass ich mit etwas Abstand einen neuen Blick auf Altbekanntes bekomme. Denn vom Himmel aus gesehen zeigt sich das Wesen von Dingen und Menschen, so wie sie gedacht sind, wohl leichter.

URLAUB ZU HAUSE

Heute bekam ich schon wieder eine Postkarte. Aus Mallorca. *"Super Essen – nette Leute – Sonne satt."* Ich stecke sie zu den anderen Karten an den Kühlschrank. Jetzt sind es fünf.
Die ganze Welt fährt anscheinend im August in Urlaub. Ich nicht. Ich bleibe dieses Jahr zu Hause. Hauptgrund ist unsere sechzehnjährige Tochter Sophia. Sie zieht am Ende des Monats für ein Jahr ins Ausland. Bis dahin wollen wir noch möglichst viel Zeit miteinander verbringen.

Und die genießen wir. Statt zum Strand laufen wir gemeinsam zur nächsten Parkbank, mit Lieblingskeksen und Getränkekorb. Lesen uns englische Romane vor – das klingt schon sehr nach Ferien.

Es ist eine kostbare Zeit – so intensiv, wie wir es mindestens ein Jahr lang nicht mehr erleben werden.

Wir genießen diese Zeit zu Hause – und freuen uns über die Postkarten von unseren Freundinnen und Freunden, die gerade überall auf der Welt verstreut sind. Bald wird auch unsere Tochter dort hinausziehen – in die Welt, die so bunt ist und voller Möglichkeiten. Ein klein bisschen wehmütig werde ich schon bei dem Gedanken an ihren Abschied. Aber ich bin auch fröhlich für sie – für das, was sie alles erleben kann. Wo auch immer sie ist: *Ich weiß, dass sie in Gottes Hand ist.*

Für Sophia – aber auch für alle anderen Reisenden – bitte ich, dass sie gut weg- und wieder zurückkommen.

WO IST KIRCHE?

Das Auto quält sich mühsam von einem Schlagloch zum nächsten. Beinah zwei Stunden sind wir schon unterwegs – mitten durch die tansanische Steppe. Lang wird die Fahrt hoffentlich nicht mehr dauern.

Seit einer Woche ist unsere Gruppe auf Partnerschaftsbesuch in Tansania: Ein Schulprojekt haben wir besucht, das kirchliche Krankenhaus kennengelernt, Gespräche mit Gemeindeältesten geführt. Heute, am Sonntag, wollen wir in einer Gemeinde irgendwo da draußen einen evangelischen Gottesdienst feiern.

Morgens um sieben sind wir aufgebrochen: durch mannshohes Elefantengras, vorbei an Affenbrotbäumen und Dornbüschen.
Die Hitze flirrt über der Sandpiste, als wir uns dem kleinen Dorf nähern.

„Wo ist denn hier die Kirche?" Meine Begleiter blicken suchend über die Strohdächer. Überall nur Rundhütten. „Hier sind wir falsch – da gibt's keine Kirche."

Wo die Kirche ist?
Es dauert nicht lang, bis wir die Antwort hören. Aus einem Lehmhaus dringt lauter Gesang. Von außen sieht das Haus nicht nach etwas Besonderem aus. Es ist vielleicht ein bisschen größer als die anderen. Wenn man reingeht, sind im Innern gemauerte Ziegelbänke. Hier finden viele Platz. Auch wir.

Sicher: Ob das Gebäude eine „richtige" Kirche ist, kann man diskutieren. Aber dass die Gemeinde, mit der wir hier Gottesdienst feiern, „richtige" Kirche ist, das ist klar.

„Kirche ist, wo sich Gläubige versammeln. Wo das Evangelium gepredigt und die Sakramente den Evangelien gemäß gereicht werden", heißt es bei uns Evangelischen. So einfach.
Daran erkennt man Kirche. Bis heute. Nicht nur in Afrika.

FREMD SEIN

"Entschuldigung, können Sie mir sagen, wie ich zur ..." Noch während mich mein Gegenüber durch die heruntergekurbelte Autoscheibe anlächelt, zucke ich die Schultern. *"Tut mir leid. Ich bin auch fremd hier."*

Irgendwo fremd sein – sich nicht auskennen, sich nicht zurechtfinden – ich erlebe das meist nur im Urlaub.

Was für Migranten und Asylbewerberinnen Alltag ist, davon bekomme ich nur den Hauch einer Ahnung, wenn ich zwei oder drei Wochen im Jahr verreise: wenn ich mich zurechtfinden muss an unbekannten Orten, mich stockend in einer fremden Sprache oder auch mit Händen und Füßen verständlich mache.

Fremdsein kann mühsam sein – und einsam machen. „Fremdlinge und Gäste auf Erden" nennt uns alle die Bibel. Hier sind wir nie ganz zu Hause. Es bleibt ein Rest an Fremdheit – dem Leben gegenüber, weil es vergänglich ist. Und uns selbst gegenüber, weil wir immer auf der Suche nach unserer Bestimmung sind.

Wer das weiß, wie es sich anfühlt, verhält sich anders gegenüber Menschen, die aus einem anderen Land kommen, eine andere Kultur mitbringen. Und sich hier wie verpflanzt fühlen.

Der Fremdling „soll bei euch wohnen wie ein Einheimischer", heißt es in der Hebräischen Bibel (3. Mose 19,34). Und der Apostel Paulus fordert: „Übt Gastfreundschaft."

Ich will gern dabei sein – nicht nur im Urlaub.

BESUCH AUF REZEPT

„Es kann jede erwischen", sagt Sophia entschuldigend und niest in ihr Taschentuch. Jetzt hat es sie erwischt. Ausgerechnet im Sommer, wo sie am liebsten den ganzen Tag am Badesee verbringen würde, liegt unsere Tochter mit Grippe im Bett. Kein leichtes Los für eine Sechzehnjährige.

Hühnerbrühe, Tee mit Zitrone, Orangensaft – über den Tag verteilt fahre ich einen vitaminreichen Gesundmacher nach dem anderen auf beziehungsweise an ihr Krankenbett. Und nicht nur ich. Immer wieder schauen Freundinnen und Freunde bei ihr vorbei.
Zeitweise höre ich Musik aus ihrem Zimmer, lautes Lachen. Ein andermal sitzen sie still zusammen, sind einfach dabei, wenn Sophia döst und ihr die Augen zufallen.
Als ich abends noch mal mit frischem Tee zu ihr komme, niest sie mir entgegen. „Gesundheit", sage ich, aus reiner Gewohnheit. „Schön wär's", erwidert sie und grinst.

Ja, Gesundheit ist wichtig.

Aber der Grippetag im Bett hat unserer Tochter noch mehr gezeigt: Was wirklich zählt, ist, dass man nicht allein gelassen wird, wenn man krank ist. Nicht von der Familie. Und nicht von den Freundinnen und Freunden.
Sie rollt sich für die Nacht zurecht.
„Gibt es Besuche nicht auch auf Rezept?", fragt sie, während ich ihr Kissen aufschüttle. Eine originelle Idee: Krankenbesuche als verordnete Medizin. Und sicher sinnvoll.

Von meiner Tochter lerne ich: Wer gesund werden will, braucht auch Aufmunterung. Wenn Sie also jemanden kennen, der krank ist: Greifen Sie doch wenigstens zum Telefon – oder schauen Sie vorbei.

DER SCHATTEN

Es ist ein strahlender Tag in den Bergen, mit Sonnenschein und weitem Blick.

Entspannt sitzen mein Mann und ich auf der Holzbank am Rande des Wanderwegs und beobachten die Drachenflieger, die vor uns am Himmel schweben.

Der weiße Drachen kreist schon seit mehr als einer Viertelstunde beständig über einem kleinen Wäldchen. Der rote setzt gerade sanft auf der Almwiese auf.

Der blaue – ich stutze. Den blauen habe ich aus den Augen verloren.
„Weißt du, wo der blaue Drachen geblieben ist?" Ich stupse meinen Mann an. „Hoffentlich ist ihm nichts passiert."

Gemeinsam lassen wir unsere Augen über den Berghang gleiten.

„Da." Mein Mann zeigt auf den Schräghang gegenüber. „Da ist sein Schatten."

Tatsächlich. Den Drachen selbst kann ich nicht erkennen, aber sein Schatten zeichnet sich deutlich auf der Almwiese ab.
Der Schatten macht es deutlich: Der Drachenflieger ist wohlauf.

Ich bin beruhigt. Und denke: Meistens achten wir nicht besonders auf unseren Schatten.

Und doch ist er in der Bibel ein Bild für die beschützende Nähe Gottes.

„Der Herr ist dein Schatten über deiner rechten Hand.
Dass dich des Tages die Sonne nicht steche,
noch der Mond des Nachts." (Psalm 121,5-6)

DAS GEHEIMNIS IST
DIE REIHENFOLGE

Das Telefon klingelte lang, bevor eine atemlose Rosi den Hörer abnimmt. *„Ja, bitte?"*
Rosi klingt gestresst, das ist nicht zu überhören. Eigentlich sollte heute ihr erster Urlaubstag sein. „Aber genau das ist es doch!" Ich höre sie am anderen Ende der Leitung auf einen Stuhl plumpsen. „Morgen früh wollen wir losfahren. Und ich habe noch nicht gepackt, muss noch drei Rechnungen überweisen, den Hasen zu meiner Schwester bringen ..."

Schon in Normalzeiten lebt Rosi mit schnellem Tempo. Nach dem Motto „Herr, gib mir Geduld – aber bitte beeil dich."

Für ihren ersten Urlaubstag habe ich ihr Martin Luther empfohlen. Von ihm stammt sinngemäß der Satz:
Wenn ich so viel zu tun habe,
dass ich nicht mehr ein und aus weiß, womit ich beginnen soll,
dass ich schon vor Sorgen nicht mehr schlafen kann, weil mir alles über den Kopf wächst –

dann setze ich mich einfach hin, bete, lese die Bibel, halte Stille und bete noch einmal. Dann werde ich ruhig und kann wieder an die Arbeit gehen.

Das Geheimnis ist die Reihenfolge: beten – und arbeiten. Nicht umgekehrt. Sich Zeit schenken lassen – und nicht Termin auf Termin häufen, um sich dadurch Zeit verdienen zu wollen.

Oder wie ein anderer Kirchenvater – Bernhard von Clairvaux – rät:
„Jeder soll täglich eine halbe Stunde in der Stille auf Gott hören. Außer er hat sehr viel zu tun. Dann ist eine ganze Stunde nötig."

PRIORITÄTEN

Die Studierenden sind gespannt: *"Zeitmanagement"* nennt sich die Vorlesung. Und heute steht ein Experiment an.

Der Professor nimmt ein Goldfischglas, stellt es auf den Tisch und füllt es so lange mit großen Steinen, bis keiner mehr hineinpasst. "Ist das Glas voll?", fragt er in die Runde.
Die Studenten sind sich einig: "Ja!", antworten sie im Chor.

Da nimmt der Professor eine Schachtel, öffnet sie und kippt vorsichtig Kieselsteine in das Glas. Nach leichtem Schütteln füllt der Kies die Zwischenräume zwischen den großen Steinen. Wieder blickt der Professor fragend in die Runde: "Ist dieses Glas voll?"

Die Studenten meinen, sein Spiel durchschaut zu haben: "Sehr wahrscheinlich nicht!", antwortet einer.

„Gut." Der Professor nimmt einen Beutel, öffnet ihn und lässt behutsam Sand in das Glas rieseln. Der Sand füllt die Löcher zwischen den Steinen und dem Kies.

„Nun, was lernen wir aus diesem Experiment?" Eine Studentin versucht es: „Wenn man glaubt, der Kalender sei vollständig voll, dann kann man doch immer noch neue Termine hinzufügen."

Der Professor winkt ab. *„Genau das bedeutet es nicht. Das Experiment zeigt: Wenn man nicht zuallererst die großen Steine in das Glas legt, finden sie später keinen Platz mehr!"*

Ich weiß nicht, was Ihre „großen Steine" im Lebensglas sind. Die Familie? Gute Freunde? Eine sinnvolle Aufgabe? Aber ich wünsche Ihnen, dass Sie diese „großen Steine" in Ihrem Leben achten – gerade in den Zeiten, in denen Sie eigentlich gar keine Zeit haben. Denn dann sind sie besonders wichtig.

HAND IN HAND

Die ältere Dame sitzt mir schräg gegenüber. „Früher", erzählt sie, „war ich immer ganz beeindruckt von den Ehepaaren, die auch nach 30 oder 40 Ehejahren noch Hand in Hand miteinander gingen. Ich staunte wirklich, wenn ich auf der Straße ein älteres Paar spazieren sah, bei denen sich einer eng am Arm des anderen einhängte. So verliebt nach so langer Zeit, dachte ich damals." Sie lacht und wirft ihrem Ehemann einen schelmischen Blick zu. Beide sind mittlerweile selbst alt geworden. Im nächsten Jahr können sie – so Gott will – ihre goldene Hochzeit feiern.

„Heute", sagt sie und streicht sich eine graue Strähne aus der Stirn, „heute verstehe ich diese alten Paare besser. Sie halten sich nicht nur wegen ihrer romantischen Gefühle füreinander an den Händen. Sondern weil sie sich gegenseitig stützen. Man wird ja doch ziemlich wackelig im Alter."

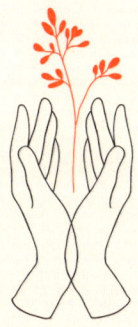

Mein Mann und ich sind auch schon mehr als 30 Jahre verheiratet. Wir haben gelacht über die Beschreibung der älteren Dame. Und ihr dann durchaus zugestimmt. Das Leben miteinander zu teilen, das heißt für uns, den anderen zu lieben, immer wieder neu. Das heißt aber ebenso, sich gegenseitig zu helfen und zu stützen, sich Halt zu geben.

Und gemeinsam sind wir dankbar dafür, dass unsere Liebe eingebunden ist in die große Liebe Gottes, die unserem Leben Rückhalt gibt.

EIN KLASSE TEAM

Wie funktioniert ein gutes Team?
Ein Berater hatte in vielen Unternehmen Projektteams begleitet. Mit anschaulichen Beispielen erklärte er uns, was ein gutes Team ausmacht:
Es darf nicht zu groß sein.
Das Team braucht ein gemeinsames Ziel.
Jedes Teammitglied muss wissen, welche Aufgabe es selbst zu erfüllen hat, um das Ziel zu erreichen.

Er zählte weitere Rahmenbedingungen auf, Management-Vorgaben, die zu einer guten Teamarbeit führen. Wenn die Vorgaben stimmen, so seine These, dann arbeite jedes Team effektiv und könne seine Ziele erreichen.

Eine Hand hob sich unter den Zuhörenden: Ob sich die Mitglieder denn nicht auch gut verstehen – vielleicht sogar mögen müssen –, um ein gutes Team zu bilden? Der Referent lächelte nachsichtig. Nein, in einem „normalen" Team müssen sich die Teammitglieder nicht mögen, um effektiv zu arbeiten. Das Entscheidende seien die Rahmenbedingungen.

Außer – er hielt kurz inne – es handle sich um ein Hochleistungs-Team. Eine seltene Ausnahme: ein Team eben, das wirklich Weltklasse ist. „In so einem Hochleistungs-Team", ergänzte er, „da mögen sich die Mitglieder auch noch gern. Ein Team kann nur Weltmeister werden, wenn untereinander Sympathie besteht."

Für eine gute und durchschnittliche Leistung reichen die weltlichen Vorgaben. Wenn es wirklich klasse werden soll, braucht es Zuneigung und Sympathie – die Liebe. *„Bei allem, was ihr tut, lasst euch von der Liebe leiten",* hatte schon der Apostel Paulus geraten (1. Korinther 16,14). Es ist schön, das auch mal von Management-Beratern zu hören.

MIT LIEBEVOLLEM BLICK

Sie testen so ziemlich alles: vom Apfelschäler über Mobiltelefone bis zur Sonnencreme. Die Mitarbeiter der Stiftung Warentest prüfen seit fast 60 Jahren Produkte auf ihre Qualität. Nachzulesen jeden Monat im „test"-Heft.

Meine Nachbarin blättert gerade gedankenverloren durch die letzte Ausgabe. *„Eigentlich schade"*, meint sie, *„dass es so einen Test nicht auch für Männer gibt."*

Vor kurzem hat sie einen neuen Kollegen kennengelernt. Sehr viel weiß sie noch nicht von ihm, nur dass sie ihn sehr interessant findet. Über die Idee vom Partner-Test muss sie selbst schmunzeln.

Die Vorstellung, jemanden „auf Herz und Nieren" zu prüfen, kennt schon die Bibel. Dort ist es Gott, von dem es heißt, dass er das Innere eines Menschen erkennen kann. Der Beter eines Psalms lädt ihn ausdrücklich dazu ein: *„Erforsche mich, Gott, und erkenne mein Herz; prüfe mich und erkenne, wie ich's meine" (Psalm 139,23).*

Gott soll mich sehen. Nicht um zu verurteilen, sondern um mit gnädigem Blick zu erfassen, was mich bewegt.

Uns Menschen fällt das nicht so leicht: Einen anderen ganz zu erkennen und trotzdem den liebevollen Blick zu bewahren. Ich bin froh, dass die Stiftung Warentest nur Autoreifen, Matratzen und andere Waren testet. Der prüfende Blick auf mich soll Gott überlassen bleiben. Und meine Nachbarin darf sich auf ihr Herz verlassen. Und das soll bei den vielen Kennenlerntreffen, die die beiden schon geplant haben, kräftig schlagen – wenn ihr Kollege der Richtige ist.

RUHPOLDING

Der Trachtenverein feiert Jubiläum, und das ganze Dorf ist auf den Beinen. Schon eine Stunde vor dem Festumzug warten Frauen im Dirndl und Männer mit wippenden Gamsbärten auf dem Hut entlang der Straße. Auf der Suche nach einem schattigen Warteplatz ergattern mein Mann und ich gerade noch zwei Stühle – an einer Dönerbude.

Kaum haben wir unsere Getränke, da biegt schon die erste Blaskapelle um die Ecke. Ein Verein nach dem anderen marschiert an uns vorbei. Der türkische Wirt hat sich inzwischen zu uns gestellt. „Dort in der Kutsche, der Mann mit dem grünen Hut, das ist der Bürgermeister", erklärt er uns. „Und die Frau neben ihm ist die Tourismus-Chefin." Immer wieder weist er uns auf Personen hin, erklärt uns die örtliche Gesellschaft. Sogar den katholischen Ortspfarrer macht er, ein Muslim, mit sicherem Blick in der Menge aus.
Dann zeigt er an den Nebentisch: „Der junge Mann, der euch bedient hat, der wird übrigens auch katholischer Pfarrer. Im Herbst fängt er an

zu studieren." Er sagt es nicht ohne Stolz. Einen zukünftigen Priester als Ferien-Bedienung hat schließlich nicht jeder.

Mein Mann und ich – wir sind beide evangelische Pfarrer – nicken noch zustimmend, da ergänzt der Wirt: „Er ist zwar noch jung. Aber er hat es sich gut überlegt. Denn der da oben", er zeigt mit der Hand Richtung Himmel, „der lässt sich nicht täuschen."

Wie leicht, denke ich beim Heimfahren, und wie unkompliziert gelingt hier das Miteinander.
Ein muslimischer Wirt spricht über einen katholischen Theologiestudenten und erklärt uns Evangelischen ganz nebenbei, was er von Gott denkt. *„Der da oben lässt sich nicht täuschen."* Ich denke mir, dass das Gott gefällt.

KERZEN IN DER KIRCHE

Stunde um Stunde hatten wir uns die fremde Stadt erlaufen. Mit müden Füßen und erfüllt von all den neuen Eindrücken steuert meine Freundin zielstrebig die große Kirche vor uns an. „Nur einen Moment hinsetzen", meint sie. „Die Beine ausruhen. Und die Seele."

Gemeinsam betreten wir die Kathedrale. Während sich meine Augen an das gedämpfte Licht gewöhnen, ist sie schon bei dem Tisch mit den Kerzen.

Auch ich nehme mir dort eine Kerze, zünde sie an und stecke sie vorsichtig in das Metallgestell.
„Dass du als evangelische Pfarrerin eine Kerze anzündest." Sie lächelte mich an. „Glaubst du denn daran?"

Dass eine Kerze etwas an der Gesundheit meiner Schwiegermutter ändert – nein, das glaube ich nicht.

Aber dass Gott die Bitten, die beim Anzünden einer Kerze gedacht werden, hört, meine Ängste und Sorgen, ja, daran glaube ich.

Die brennende Kerze in der Kirche, sie zeigt mir, dass meine Gebete nicht umsonst sind.

Da brennt, leuchtet und flackert sie als Beispiel für die Liebe und Nähe Gottes.

DER FEUERWEHRLER

Er war ein begeisterter Motorradfahrer. In jeder freien Minute saß er auf seiner Maschine, und dann ging's los. Auf schwungvollen Strecken über steile Pässe oder durch kleine Dörfer über Land: Er war gern unterwegs.

Auf gerader Strecke, erzählt er, war er bei Nässe ins Schleudern gekommen. Noch heute sieht er die Bilder vor sich. Das entgegenkommende Auto, den Zusammenstoß, wie er unter den Trümmern lag. Wie die Feuerwehr anrückte und ihn herausschnitt. Da spürte er noch nichts. Die Schmerzen, die Angst – das kam erst später. In den Wochen und Monaten in der Klinik, auf Reha. Mühsam musste er wieder laufen lernen. Ein Jahr hat es gedauert, bis er die ersten Schritte ohne Hilfe machen konnte – nur auf einen Stock gestützt.

Ohne seine Freundin, davon ist er fest überzeugt, könnte er bis heute nicht gehen. Sie war es, die ihm immer wieder gesagt hat, du schaffst es. Und er hat es geschafft.

Und ohne die Feuerwehr würde er nicht mehr leben.

Seit zwei Jahren ist er jetzt selbst bei der Feuerwehr. Löscht Brände und hilft, wenn Unfallopfer geborgen werden müssen. Aus Dankbarkeit, weil er überlebt hat, sagt er.

Und nun wird geheiratet. Aus Liebe, die beide zusammenhielt in den schweren Jahren nach dem Unfall.

Es gelingt nicht immer, dass die Liebe solch eine Lebenskrise übersteht. Bei den beiden hat es funktioniert. Und ich darf die Pfarrerin bei der Hochzeit sein.

„Ich will dich segnen und du sollst ein Segen sein" – das wünsche ich den beiden.

WAS VOM BETEN BLEIBT

Der junge Mann bemühte sich seit Monaten zu beten. Aber, stellte er fest, da war einfach keine Erfahrung, die blieb. Nichts Greifbares behielt er in den Händen zurück. Wie Wasser zerrann ihm alles zwischen den Fingern.

Zunehmend verzweifelt wollte er schon mit dem Beten aufhören, da erfuhr er von einem Weisen, der in der Wüste lebte: ein Meister in Gebet und Meditation.

Einen letzten Versuch, dachte er, will ich wagen und diesen Weisen besuchen. Vielleicht kann er mir raten, wie das Beten geht.
Er machte sich auf, fand den Weisen in der Wüste und bat ihn: *"Meister, lehre mich so zu beten, dass für mich auch ein Erfolg dabei herauskommt."* Der Weise fragte ihn: *"Siehst du den dreckigen Drahtkorb dort liegen?" – "Ja!" – "Dann nimm ihn und hole damit Wasser."*
Der junge Mann nahm den Drahtkorb, ging ein paar Hundert Meter bis zum Brunnen, schöpfte damit Wasser und kehrte zu dem Weisen zurück.

Doch bis er dort ankam, war alles Wasser aus dem Drahtkorb herausgelaufen.

"Geh und hol Wasser!" forderte ihn der Weise wieder auf. Und so machte er sich zum zweiten Mal auf den Weg. Der Erfolg war derselbe. Der Weise forderte ihn zum dritten Mal auf: *"Geh und hol Wasser!"*

Das wiederholte sich noch einige Male und der junge Mann wurde immer ungeduldiger. *"Das gelingt doch nie"*, sagte er zu dem Weisen. *"Du siehst doch, mit dem Drahtkorb kann man kein Wasser holen, es läuft alles heraus."*

Da sagte der Weise: *"Genauso ist es mit dem Gebet. Du hast zwar kein Wasser zu mir gebracht, aber der Drahtkorb, der am Anfang dreckig war, ist jetzt sauber. Wenn du beim Gebet nicht die Erfahrung hast, etwas in den Händen zurückzubehalten, so hat dich doch das Beten und das Meditieren immerhin gereinigt – von Sorgen, von Aggressionen, von Verzweiflung. Vielleicht auch vom Zwang, etwas erreichen zu müssen."*

PERSPEKTIVWECHSEL

Es ist ein Riesenfest, und alle sind gekommen. Im dürftigen Schatten eines Baums, mitten in der Steppe Tansanias, feiern wir Abschlussfest in dem Schulprojekt „Tumaini". Als Ehrengast darf ich den 48 Schülerinnen und Schülern ihr Entlassungszeugnis überreichen.

Eltern, Geschwister, Lehrer, Mitschüler – während sie singen und klatschen, blicke ich mich suchend um: Eine fehlt. Furaha, auf Deutsch „die Freude", ist nicht unter den Feiernden. Sie hat sich seit meiner Ankunft um unser leibliches Wohl gekümmert. Auch jetzt steht sie wahrscheinlich in der Küche, um das Festessen für die Gäste vorzubereiten.
Allein das Wasserholen zum Kochen ist Schwerstarbeit. In Plastikeimern, die gut 20 Liter fassen, wird das kostbare Nass am Brunnen gepumpt und dann – vorsichtig auf dem Kopf balancierend – zum Küchentrakt getragen.

Am Vortag hatte ich spaßeshalber versucht, Furahas Rolle als Wasserträgerin zu übernehmen – und war kläglich gescheitert. Ein Gutteil des Wassers war verschüttet, bevor ich den Eimer halbwegs gerade auf dem Kopf hatte. An Laufen mit der ungewohnten Last war nicht zu denken.

„Du weißt nicht, wie schwer die Last ist, die du nicht trägst", sagt ein afrikanisches Sprichwort. Ja, es stimmt: Oft verstehe ich mein Gegenüber erst dann richtig, wenn ich einmal *„in seine Haut schlüpfe".* Mich in meinen Partner und seine Argumente hineindenke. In den immer etwas nörgelnden Arbeitskollegen. In die abgehetzte Nachbarin.

„Einer trage des anderen Last, so werdet ihr das Gesetz Christi erfüllen" (Galater 6,2), empfiehlt die Bibel. Die Dinge aus der Perspektive des anderen zu sehen – es bringt einander näher. Nicht nur in Afrika.

HERBST

AUF EIN NEUES LEBEN

Sie hatten das neugeborene Mädchen im Krankenhaus begutachtet und die Mutter beglückwünscht. Dann nahm der Opa seinen Schwiegersohn an der Hand. *„Komm mit. Wir zwei gehen jetzt Weißwürste essen. Freuen wir uns über das neue Leben."* Beim bayrischen Wirt in der Nähe des Krankenhauses aß jeder zwei Weißwürste und Brezen und sie stießen an auf ein glückliches neues Leben.

Nach der Geburt der zweiten Tochter, drei Jahre später, war es ähnlich. Die bayrische Wirtschaft war zwar jugoslawisch geworden, aber der nette Ober, dem die beiden ihr Anliegen erklärten, ging zur Metzgerei auf der anderen Straßenseite, kaufte vier Weißwürste und ließ sie in der Balkan-Küche im heißen Wasser wärmen. Wieder stießen die beiden Männer ihre Weißbiergläser aneinander, vereint in der Freude über das neue Leben.

Die beiden Enkeltöchter, inzwischen erwachsen, haben nun den Opa im Krankenhaus besucht.

Ganz klein sah er aus auf den großen bleichen Kissen des Krankenbetts. Das Sprechen fiel ihm schwer, aber zum Abschied konnte er noch eine Hand heben und ihnen nachwinken. Dann der Anruf aus dem Schwesternzimmer. Ob sie ihn noch mal sehen wollten? Er würde sich aufmachen zu seiner letzten Reise. Sie haben ihm die Hand gehalten, haben ihm die Hände gefaltet. Ein letztes Mal haben sie ihm über die Stirn gestrichen.

Und dann sind die Enkeltöchter mit ihren Eltern rausgegangen aus dem Krankenhaus und in die Wirtschaft ganz in der Nähe. Die war inzwischen ein indisches Lokal geworden. Die Metzgerei gegenüber gab's noch. Ob sie denn ein paar Weißwürste bekommen könnten, fragten sie den Ober. *Sie müssten heute anstoßen — auf ein neues Leben.*

WIE EINE LEDERHOSE

„Trachten und Lederbekleidung" steht über der Tür. Vor 50 Jahren hatte sie den Laden mit der kleinen Werkstatt dahinter eröffnet, zusammen mit ihrem Mann. Lederhosen und Kostüme, Dirndl und Schürzen – beinah ein Leben lang haben sie hier genäht, gestickt und verkauft, fast rund um die Uhr gearbeitet.

Als ihr Mann starb, hat sie den Betrieb an ihren Sohn und die Schwiegertochter übergeben. Noch immer geht sie beinah täglich in den Laden, zeigt auf Ausstellungen die aktuelle Lederhosen-Mode. Aber es bleibt ihr jetzt mehr Zeit, für ihren Garten, für die Enkelkinder, für ihre Kirchengemeinde. Und um sich selbst kümmert sie sich auch.

„Man muss sich doch weiterentwickeln", davon ist sie überzeugt. Und sagt es auch den anderen im Frauenkreis. *„Wir müssen uns alle weiterentwickeln"*, meint sie. *„Und die Kirche ebenfalls."*

Und wie zur Begründung fasst sie ihre Gedanken in einem wunderbaren Satz zusammen.
„Die Kirche ist doch auch nichts anderes als eine Lederhosen." Es ist ihr ernst damit.

„Ich kann heut auch nicht mehr die gleichen Lederhosen verkaufen wie vor 50 Jahren. Die Figuren der Menschen haben sich geändert. Die haben einen ganz anderen Geschmack als früher. Da muss ich drauf eingehen, mit ihnen reden. Fragen, was passt."

Dass wir in Kirche so aufeinander achten und füreinander da sind, dass sie „passt" – wie eine gute Lederhose – das wünschen sich zurzeit viele. ***Hoffentlich schaffen wir es!***

EIN ENGEL VOR DER HAUSTÜR

Noch 30 Minuten, dann sollte es losgehen auf die Wochenendfreizeit. Reisetasche, Liederbücher, alles stand bereit zum Verladen im Hausflur. Jetzt noch schnell den Anrufbeantworter besprechen, den Computer runterfahren ... Ich konnte es rechtzeitig schaffen.

Da klingelte es an der Haustür. Für meine Mitfahrerinnen war es zu früh, die Paketpost heute schon durch. Ich warf einen schnellen Blick auf die Uhr. Und öffnete trotzdem. Vor mir stand eine Frau um die 50, eher elegant gekleidet. Ob ich die Pfarrerin hier sei?

Ich gestehe, es gab einen Moment der Versuchung zu sagen, mein Mann, der Herr Pfarrer, sei gerade nicht da, ob sie denn nicht am Montag wiederkommen könne. Da hörte ich mich antworten: „Ja, ich bin die Pfarrerin. Kann ich Ihnen helfen?"

Sie erzählte, vor ein paar Tagen sei sie abends hier am Pfarrhaus vorbeigekommen. Da stand eine

Frau, zitternd, vielleicht vor Kälte oder Kummer, sie weinte auf jeden Fall. Und klingelte vergeblich an der Bürotür – es war niemand da.

„Als ich sie da stehen sah", berichtete die Frau, „dachte ich: Die braucht jetzt Hilfe. Ich hab mit ihr gesprochen. Ihr Geld für ein Abendessen gegeben. Und jetzt wollte ich nachfragen, wie es der Dame geht. Ob sie vielleicht dauerhaft Unterstützung brauchen kann."

Ich war erst mal sprachlos, überrascht. Und dann dankbar. Wem hatte ich da die Tür geöffnet?
„Vergesst nicht, Gastfreundschaft zu üben!", ermuntert die Bibel. *„Denn ohne es zu wissen, haben manche auf diese Weise Engel bei sich aufgenommen." (Hebräer 13,2)*

Der Frau vor meiner Haustür sah ich den „Engel" nicht an. Und das ist vielleicht das sicherste Markenzeichen: *Wir Menschen sind die wahren Engel füreinander.*

BROT AM HAKEN

„Zwei Brezen zum Mitnehmen hätte ich gern, und eine für den Haken." Die junge Frau ist nicht zum ersten Mal in der Bäckerei, das merkt man ihr an. Während sie mit der einen Hand der Verkäuferin den passenden Betrag über die Theke reicht, nimmt sie mit der anderen geschickt die Tüte mit dem Laugengebäck und einen kleinen Gutschein entgegen. Die Brezen werden später im Büro ihre Brotzeit sein. Der Gutschein dagegen bleibt hier. Beim Rausgehen klemmt sie ihn an eine Tafel neben der Eingangstür. Dort hängen schon andere Bons, in ordentlichen Reihen an kleine Haken geclipst. Bunte Bilder neben den Reihen zeigen an, wofür sie stehen: Brezen in der untersten Reihe – gut erreichbar auch für Kinderhände. Einen runden Laib Brot für den Familientisch. Eine Tasse Kaffee für eine Pause am Stehtisch. Ein Gebäckstück.

Seit zwei Monaten hängt die Tafel in der Bäckerei an der Echinger Hauptstraße. Seitdem können die Kunden, die etwas Geld übrighaben, einen Kaffee, ein Gebäckstück oder ein Brot mehr zahlen, als sie selbst brauchen. Und hängen den Gutschein dafür an den Haken neben der Ladentür.

Den nimmt sich dann wieder jemand, der wenig Geld hat. Backwaren und Heißgetränk gibt's für ihn kostenlos.

Anfangs waren die Bedenken groß: *„Trauen sich diejenigen, denen ein geschenktes Brot hilft, tatsächlich, einen Gutschein vom Haken zu nehmen?"*, fragten die einen. Andere befürchteten, dass sich auch die bedienen, die ihr Brot selbst zahlen könnten. Der Erfolg der Aktion zerstreute all diese Bedenken rasch. Regelmäßig gehen die Gutscheine mittlerweile über den Ladentisch, in beide Richtungen.

Viele verlassen den kleinen Laden mit einem Lächeln. Die einen geben gern: Eine Breze zu spenden, tut dem Geldbeutel nicht weh. *Und die Beschenkten freuen sich — auch darüber, dass sie anderen nicht egal sind.*

DIE BESTE MEDIZIN

Seit Tagen fühlt sich Sophia müde und schlapp. Jetzt liegt sie mit fiebriger Erkältung im Bett. Kranksein findet sie scheußlich und es macht einsam. Als ich in ihr Zimmer schaue, liegt sie lustlos im Bett. Lesen mag sie nicht und auch das Essen schmeckt ihr nicht. Ein angebissenes Brot liegt auf dem Teller neben ihr.

Max, der immer Hunger hat, schaut vorbei, sieht das Brot und will gleich reinbeißen. Ich kann ihn gerade noch daran hindern. „Tu das nicht", warne ich, „sonst steckst du dich an und wirst auch noch krank."

Max sieht mich nachdenklich an. Schließlich, nach einer Weile, fragt er: *„Wenn ein Kranker vom Brot eines Gesunden abbeißt, wird er dann wieder gesund?"*

Ich bin ganz verblüfft von der Frage. Kranksein kann ansteckend sein. Warum nicht auch Gesundheit?

Mir fallen Menschen ein, in deren Nähe es mir sofort richtig gut geht. Es gibt Menschen, deren Nähe wirksamer sein kann als die beste Medizin.

Jesus von Nazareth muss so ein Mensch gewesen sein. Seine heilsame Nähe spüren kann ich heute noch. Wenn ich mich in eine Kirche setze. Wenn ich beispielsweise im Abendmahl von dem Brot esse, das gesund macht.

Dann lasse ich mich anstecken – zum Leben.

DER BUTZEN

Unsere Töchter haben zusammen mit meinem Vater kürzlich mal wieder die alten Fotobücher geöffnet und Bilder angeschaut. Behutsam blättern sie Seite um Seite und Opa erklärt, wer zu wem gehört.

Ein Bild im Album zeigt ihn selbst als Siebenjährigen. Barfuß, in Lederhosen, mit verschrammten Knien steht er am Kiesweiher. Zum Fröschefangen ging er oft dort hin, oder wegen der Salamander, die er für zwei Pfennig das Stück verkaufen konnte.

Fast 90 Jahre ist das jetzt her, aber er erinnert sich noch genau.
Und er erzählt seinen Enkelinnen: *„Damals war ein Apfel eine Kostbarkeit. Wenn in der Schulpause einer einen Apfel gegessen hat, dann kam gleich ein anderer angelaufen und bat: ‚Ich meld mich für den Butzen an.‘ Für den abgegessenen Apfel. Das könnt ihr euch heute sicher nicht mehr vorstellen. So arm waren manche, dass sie sich angemeldet haben für einen Apfelbutzen gegen den Hunger."*

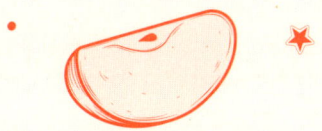

Für seine Enkelinnen ist das tatsächlich kaum vorstellbar. Jetzt, beim Betrachten der Bilder, bekommen sie eine Ahnung davon, wie groß die Armut damals war. Und sie werden ganz dankbar dafür, wie sie selbst heute leben können.

Wie gut ist es, wenn Großeltern hin und wieder von anderen Zeiten erzählen. Es setzt manchmal neue Maßstäbe.

EHE-TÜV

"Im Oktober muss unser Auto zum TÜV", verkündet mein Mann beim Abendessen. *"Am besten lasse ich ihn vorher in der Werkstatt noch mal durchchecken, damit er glatt durchkommt."*
Wie mein Mann machen es die meisten Autobesitzer: Vor dem TÜV wird noch geputzt, Schäden werden repariert und in der Werkstatt wird geprüft, ob es technische Mängel gibt. Bei einem Auto zahlt sich das aus.

Kann das, was für ein Auto gilt, auch bei einer Ehe sinnvoll sein? Da steht in meiner Zeitung: *"Pfarrer vergibt Ehe-TÜV"*. Ein Schweizer Pfarrer stellt allen von ihm getrauten Paaren eine Ehe-Garantie von 15 Jahren aus. Vorausgesetzt, sie kommen einmal im Jahr zum Beratungsgespräch zu ihm.

Ich finde das pfiffig. Mit viel Humor weist der Schweizer Pfarrer auf ein ernstes Anliegen hin. Es ist wichtig, eine Partnerschaft mit Aufmerksamkeit und Sorgfalt zu pflegen. Denn sorgfältige Pflege kann auch eine Ehe von Zeit zu Zeit gebrauchen, damit sie runder läuft, keinen Rost ansetzt oder keine größeren Schäden entstehen können.

„Im Oktober haben wir Hochzeitstag", verkünde ich beim nächsten Abendessen. *„Wir sollten uns mal wieder zusammensetzen und durchchecken."* Gemeinsam lachen wir und nehmen uns einen „So-geht's-mir-gerade"-Ehe-Abend vor. Damit sich nichts anstaut und wir rechtzeitig erkennen, was in unserer Beziehung die „TÜV-Abnahme" gefährden könnte.

TRENNUNG

Er steht am offenen Fenster, leicht an den Rahmen gelehnt, und raucht. Das Geräusch fahrender Autos dringt von unten herauf. Es stört ihn nicht weiter. Vor einer Woche noch hat er hier in der Wohnung mit seiner Frau gesessen. Streit lag damals in der Luft, wie so oft in letzter Zeit. Ums Geld. Die neuen Autofelgen. Das verplante Wochenende. Nein, gut lief es nicht zwischen ihnen. Schon lange nicht mehr. Am Ende hatte er keine Worte mehr gehabt. Keine Worte, um Luft zum Atmen zu schaffen. Um die Erwartungen zu erfüllen. Um sich zu entschuldigen.

Er sieht die Lichter, die sich weit unter ihm auf der Straße bewegen. Gestern war sie gegangen. Fort von ihm. Nach dem ersten Anfall von Wut – von Verzweiflung – blieb Ratlosigkeit.

Es ist still in der Wohnung. Die Leere um sich kann er fast körperlich spüren. Von fern hört er Glocken. Vereinzelt laufen Menschen über den Platz vor seinem Fenster.

Ob ich mir noch eine anzünde? Ich will jetzt nicht allein sein, denkt er. Ein Wort gesagt bekommen, das man sich selbst nicht sagen kann.
Abgenommen bekommen, was einen bedrückt.

Er drückt seine Zigarette aus.
"Was ich den Menschen nicht sagen kann, kann ich Gott sagen, und dann verstehen mich vielleicht auch die Menschen", hatte ihm jemand gesagt.

Noch einmal schaut er nach draußen, schließt das Fenster. Vielleicht findet er noch eine Kirche, die offen steht, heute Abend. Ein Platz zum Beten. Ein Platz für seine Wut, seine Verzweiflung, seine Ratlosigkeit. Er macht sich auf den Weg.

NIEMAND WIRD JE VERGESSEN

In dem Pflegeheim, wo ich Besuche mache, erlebe ich immer wieder Situationen wie diese:

„Weißt du, wer ich bin?", fragt die Frau den alten Mann. Er sieht sie nachdenklich an. *„Im Moment nicht richtig"*, antwortet er. *„Aber ich habe so ein warmes Gefühl, als würde ich Sie schon lange kennen. Sie lächeln so lieb. Sind Sie neu hier, Schwester?"*

„Ist schon gut, Vater", sagt die Frau, ergreift seine Hand und legt sie an ihre Wange.

Manchmal beschleicht mich selbst die Angst vor dieser Krankheit. Dass ich vieles von dem, was mir heute wichtig ist, worauf ich stolz bin, einmal nicht mehr können werde, es vergesse.

Ich tröste mich mit dem Gedanken, dass ich auch dann nicht vergessen bin. *„All eure Namen sind im Himmel aufgeschrieben"*, heißt es in der Bibel über uns Menschen.

Bei Gott habe ich einen Namen, der nicht im Nebel der Zeit vergeht. Das, was meine Persönlichkeit ausmacht – in Gottes Gedächtnis ist und bleibt es bewahrt.

„All eure Namen sind im Himmel aufgeschrieben"
(vgl. Lukas 10,20).

Niemand wird je vergessen.

NICHTS UNVERSUCHT LASSEN

Es gibt Tage, wo alles schiefzulaufen scheint. Und Zeiten im Leben, wo ich meine, mein Päckchen an Sorgen und Problemen sei übervoll – mehr schaffe ich nicht.

Ein weiser Afrikaner wurde einmal gefragt, wie er denn mit Schwierigkeiten, mit Sorgen und Ängsten im Leben fertigwerde. Er sagte:

> *Wenn Schwierigkeiten und Sorgen auftauchen,*
> *versuche ich zuerst, sie zu umgehen.*
> *Wenn sie sich nicht umgehen lassen,*
> *versuche ich, unter ihnen durchzukriechen.*
> *Und wenn mir das nicht gelingt, probiere ich,*
> *sie zu überspringen.*
> *Geht auch das nicht,*
> *dann gehe ich mitten durch sie durch.*

Ich verstehe ihn gut.
Liebend gern würde ich manche Probleme einfach ignorieren, sie irgendwie umgehen – wie der weise Mann aus Afrika.

Aber wenn das nicht möglich ist – und ich mitten durch sie hindurch muss –, weiß ich doch: Ich bin nicht alleingelassen in meinen Sorgen. Einer trägt mich, durch alle Schwierigkeiten hindurch – so wie es beim Propheten Jesaja steht:

„Wenn du durch tiefes Wasser oder reißende Ströme gehen musst — ich bin bei dir, du wirst nicht ertrinken. Und wenn du ins Feuer gerätst, bleibst du unversehrt. Keine Flamme wird dich verbrennen. Denn ich, der Herr, bin dein Gott" (Jesaja 43,2-3a).

DER ERSTE SCHRITT

Der Mann sitzt mir gegenüber im Bummelzug. Bei jeder Station schaut er aus dem Fenster, liest den Ortsnamen und stöhnt. *„Tut Ihnen etwas weh?"*, frage ich ihn schließlich besorgt. *„Sie stöhnen so entsetzlich."* *„Eigentlich"*, antwortet der Mann, *„müsste ich aussteigen. Ich fahre dauernd in die falsche Richtung. Aber es ist so schön warm hier drinnen."*

Ich bin ganz verblüfft über diese Antwort. Und merke: Es gibt Situationen im Leben, da weiß ich, dass ich in der falschen Richtung unterwegs bin. Eigentlich sollte ich aussteigen – aus dem zweifelhaften Geschäft, aus der Beziehung, die mir nicht guttut, aus der schlechten Gewohnheit. Aber da gibt es diesen angenehmen Nebeneffekt, der mich am Ausstieg hindert; und so mache ich weiter, bleibe sitzen im falschen Zug.

Dabei wäre die Lösung so deutlich: aufstehen, aussteigen.

Auch wenn ich dann erst mal am kalten Bahnhof stehe, nicht weiß, wann der nächste Zug kommt, der in meine Richtung fährt. Aussteigen bringt vielleicht Unannehmlichkeiten. Und doch ist es der nötige erste Schritt, um meinem eigentlichen Ziel näher zu kommen.

Wenn die Bibel davon spricht, ist es immer klar:

Das Umkehren beginnt im Inneren.
Dass ich mir mein Ziel deutlich vor Augen halte:
Wo will ich hin.
Dann tut sich der erste Schritt auch leichter.

AUF DEN ZWEITEN BLICK

„Krähenfüße!" Jonathan strahlt übers ganze Gesicht. Minutenlang hat er mich zappeln lassen, dabei gegluckst und ich hab's nicht erraten – das Wort mit der doppelten Bedeutung. Erst seine fünfte Umschreibung bringt mich auf die richtige Spur: *„Das eine ist schrumpelig und hängt unten am Vogel, das andere ist mitten in deinem Gesicht."*
Krähenfüße!

„Teekesselchen raten" gehört unbestreitbar zu Jonathans Lieblingsspielen. Mit kindlichem Eifer sammelt er die doppel-deutigen Begriffe.

Jede Neuentdeckung begeistert ihn, wenn er scheinbar Vertrautes in einem ganz anderen Zusammenhang neu erkennt, auf einmal eine zweite Seite entdeckt.

Ich spiele das „Teekesselchen"-Spiel auch gerne.
Denn es ermuntert zum „zweiten Blick".
Auch bei Menschen.

Wenn ich den Lehrling aus der Metzgerei plötzlich als begeisterten Sänger in einem Gospelchor erlebe.
Oder sich die Hausmeisterin von nebenan auf dem Gemeinde-Sommerfest als begnadete Geschichtenerzählerin entpuppt.
Und wie ich mich dann freue, den gestrengen Nachbarn eines Morgens als Schülerlotsen auf der Straße wiederzuerkennen.

Für Gott ist es ja nichts Neues, dass wir mehrere Seiten haben – er kennt uns, wie wir sind und wie er uns gedacht hat. Aber ich stecke Menschen viel zu schnell in nur eine Schublade. Und will lernen, dass in ihnen viel mehr steckt, als ich auf den ersten Blick sehe.

DAS SCHÖNE GRAU!

Auf der Rückfahrt von unseren Partnern in Tansania machten wir Station auf Sansibar.

Zum Stoffmarkt zog es mich als Erstes. Eine bunte Fülle von Textilien quoll da aus Truhen und Ständen. Fröhliche Baumwolldrucke und kühles Leinen, schimmernde Seidenstoffe und kostbarer Samt. Die ganze Pracht des Orients war hineingewoben in diese Tücher.

Während ich begeistert das Angebot der Händler prüfte, musterte mein Begleiter, der früher in einer Bank gearbeitet hatte, die Stoffballen eher skeptisch. Mir haben die ganzen Farben so ungeheuer gefallen. Er zeigte auf einen Tisch am Rand des Marktes. Schau mal: das schöne Grau!

Zunächst verstand ich ihn nicht. Aber er hatte jahrelang die Farbe Grau bei seiner Arbeit in der Bank getragen. Ein sachliches, sich vornehm zurückhaltendes Grau. Für ihn hatte es Schönheit.

Ich habe es erst im Nachhinein verstanden. Heute sehe ich plötzlich, dass Grau eine innere Schönheit hat. Ich erkenne, wie unaufgeregt und friedlich der vermeintlich „graue Alltag" sein kann. Und sogar am Wochenende muss ein grauer Himmel nicht für Langeweile und Trübsinn stehen, sondern kann durchaus gemütliche Stunden zu Hause versprechen.

Die Schlichtheit inmitten der bunten Fülle des Lebens zu achten — dafür hat mir mein Freund die Augen geöffnet.

BEKENNEN BEFREIT

Haben Sie in diesem Jahr auch angesetzt? Ich meine nicht das Körpergewicht. Ich denke an die kleinen und großen Ablagerungen und Beschwernisse, die sich im Lauf des Jahres angesetzt haben: Wortwechsel, die noch im Magen liegen, Streitigkeiten, die bis heute belasten, Enttäuschungen, die Sie geschluckt haben.

Unansehnlich und lästig sammeln sich solche Erlebnisse immer wieder in meinem Leben an. Lagern sich ab wie überflüssiger Zahnstein. Nichts, worüber man gern spricht. Und doch vorhanden, belastend.

Schon der Apostel Paulus erkannte, wie es uns bis heute oft geht:
„Zwar habe ich durchaus den Wunsch, das Gute zu tun, aber es fehlt mir die Kraft dazu. Ich will eigentlich Gutes tun und tue doch das Schlechte; ich verabscheue das Böse, aber ich tue es dennoch" (Römer 7,18b-19).

Im November ist Buß- und Bettag. Kein offizieller Feiertag mehr in Deutschland. Aber immer noch eine gute Gelegenheit für eine „innere Zahnstein-Entfernung".
Von den lieblosen Gewohnheiten, die sich eingeschliffen haben. Davon, unachtsam zu sein und nachlässig.

Das, was war, auch mal zu bekennen – das befreit. Dann können wir wieder neu anfangen. Mit uns. Mit anderen. Und mit Gott.

WAS MICH AM LAUFEN HÄLT

Was mich denn so am Laufen hält, werde ich manchmal gefragt. Was mich als Pfarrerin denn so am Laufen hält – gerade in den turbulenten Zeiten des Lebens, wenn es drunter und drüber geht. Wenn die Hälfte der Familie mit Herbstgrippe im Bett liegt und dringend umsorgt werden will, während gleichzeitig im Pfarramtsbüro der Kopierer streikt und die Konfirmanden seit einer halben Stunde in der Kirche auf den Text für die Krippenspielprobe warten.

Was mich am Laufen hält? Bei anderen Dingen kann ich es leichter erklären: Mein Auto läuft mit Diesel. Mit guten Worten oder auch mit Schimpftiraden ist es nicht zu bewegen, aber mit dem richtigen Kraftstoff läuft es einwandfrei. Mein DVD-Spieler läuft mit Strom. Weder durch Streicheln noch durch heftiges Schütteln kommt er in Gang.

Womit ich laufe? Lebendig werde?
Ich denke an meinen Mann, der mich seit Jahrzehnten liebevoll begleitet – gerade auch in den turbulenten Zeiten. Ich sehe unsere beiden Töchter vor mir. Gute Freundinnen, die einen festen Platz in meinem Herzen haben – auch wenn ich sie oft monatelang nicht sehe.

Was mich am Laufen hält?
Gott, so heißt es am Anfang der Bibel, hat uns Menschen geschaffen und mit seinem Lebenshauch „zum Laufen gebracht". Diesen Hauch Gottes, seinen Geist, der Leben lebendig und Menschen menschlich macht – ich spüre ihn, wenn ich Liebe spüre.

Und ich laufe, wenn ich Liebe spüre.

WENN EIGENE WORTE FEHLEN

Es ist früh dunkel an diesem Herbstabend. Nebelschwaden ziehen auf. Noch schnell die Freundin nach Hause bringen. Und dann lernen: für die Matheklausur morgen.
„Fahr vorsichtig!" Der obligatorische Ruf der Mutter verschmilzt mit dem Knattern des Mopeds, während sie wegfährt.

Als wir klingeln, sind knapp zwei Stunden vergangen. Zu dritt stehen wir vor der Tür der Mutter: die beiden Polizeibeamten und ich, die Notfallseelsorgerin.

Wie der Unfall passierte, ist noch unklar. Die Trümmer von Pkw und Moped sind vollständig ineinander verkeilt. „Sie war sofort tot."

Immer wieder begegne ich Familien, die so mitten aus der Unbeschwertheit des Lebens gerissen werden. Menschen, die sich plötzlich neben dem abgedeckten Körper des eigenen Kindes wiederfinden.

Das raubt einem buchstäblich den Atem. Es verschlägt einem die Sprache. Und trotzdem will es heraus, das Unfassbare.
Wenn mir selbst die Worte fehlen, dann gibt es Gott sei Dank Worte, die man sich von anderen leihen kann.

Die Klagepsalmen der Bibel bieten solche Worte.
„Mein Gott, mein Gott, warum hast du mich verlassen?" (Psalm 22,2a).
„Aus der Tiefe rufe ich, Gott, zu dir. Erbarm dich meiner" (vgl. Psalm 130,1-2).

Klagepsalmen geben dem Schmerz Worte: Schrei es heraus, bevor es dich zerreißt.
Ich bin so dankbar, dass es solche Worte gibt – für die Betroffenen genauso wie für uns Helferinnen und Helfer.

DIE NEUE ADRESSE

Das Altersheim schickte die Post für seine Mutter schon seit Jahren an den Sohn weiter. Zumindest die Rechnungen von Ärzten und Apotheken und alles, worum sie sich nicht mehr selbst kümmern wollte. Nur die privaten Briefe behielt sie bei sich und las sie, beinah bis zuletzt.

Vor vier Wochen ist seine Mutter gestorben. Ihr Zimmer im Altersheim hat er mittlerweile geräumt: die Möbel verteilt, ihre Röcke und Blusen zur Kleiderkammer gebracht.

Heute liegt in seiner Post noch mal ein Umschlag vom Altersheim. Er öffnet ihn und zieht einen Brief heraus, ursprünglich adressiert an seine Mutter. Neben ihren Namen hat eine Mitarbeiterin des Heims in sorgfältigen Druckbuchstaben notiert „verstorben", und am Rand: „Bitte an die neue Adresse weiterleiten."

Er muss schmunzeln. Die neue Adresse seiner Mutter? Er blickt aus dem Fenster, den Brief noch immer in der Hand.

„Im Haus meines Vaters gibt es viele Wohnungen", hat die Pfarrerin bei der Beerdigung aus der Bibel gelesen (Johannes 14,2a). Der Gedanke begleitet ihn seitdem: dass seine Mutter im Tod bei Gott eine neue Wohnung gefunden hat. Und es tröstet ihn, sich vorzustellen, dass sie lediglich „umgezogen" ist. Sicher für ihn jetzt nicht mehr erreichbar, Briefe an sie sind unzustellbar. Aber dass seine Mutter eine Zukunft bei Gott hat, eine Wohnung ganz nah bei ihm, das gibt auch ihm Hoffnung über sein Leben hinaus.

DIE NATUR TRÄGT BUNT

Er leuchtet unverschämt bunt – der Busch vor meinem Bürofenster. Eigentlich geht es bald zu Ende mit seiner diesjährigen Pracht – so wie mit der Natur ringsum auch. November ist Abschiedszeit. Aber dieser Busch leuchtet in sattem Gelb, Rot und Orange.

Ich trete etwas näher ans Fenster. Wie Tränen hängen kleine Beeren an den Ästen. Die Blätter klammern sich noch fest an ihre Zweige, als würde ihnen der Abschied schwerfallen. Ich verstehe sie gut. Den warmen Oktobertagen weine ich auch so manche Träne nach.

An Tagen wie heute, Ende November, sehe ich draußen überall Zeichen der Vergänglichkeit. Und auch meine Gedanken kreisen um den Abschied. Morgen ist der letzte Tag des Kirchenjahres – und damit der Sonntag, der an das Ende des Lebens erinnert. Totensonntag.

Vierzehn Menschen aus meiner Gemeinde sind in diesem Jahr gestorben. Morgen, im Gottesdienst, werden wir uns an sie erinnern. Werden ihre Namen noch einmal vor allen nennen.

Einen letzten Blick werfe ich durchs Fenster nach draußen, bevor ich weiterarbeite: Die bunten Blätter an den Bäumen sind tröstlich – bei allem Denken an Tod und Abschied.

Es ist ein schöner Gedanke der Natur: dass die Vergänglichkeit ein buntes Kleid trägt.
Wir würden wahrscheinlich Grau wählen, oder Schwarz. Aber die Natur weiß es besser. Der Tod ist kein hoffnungsloser Fall. Kein Schlusspunkt unter ein Leben, sondern ein Doppelpunkt:

Vielleicht lässt sie darum inmitten der Schwermut Farben sprießen.

LOSVERKÄUFER

Was sie einmal werden wollen – die meisten Kinder der 3. Klasse wissen es schon ganz genau. Luisa will als Ärztin Menschen gesund machen wie ihre Tante. Robin kennt sich gut mit Autos aus, er will am liebsten Rennfahrer werden. Und Sarah träumt davon, später selbst als Lehrerin in der Schule zu unterrichten. Reihum schmieden sie Zukunftspläne.

Nur Max hat bisher nichts gesagt. Jetzt soll auch er verraten, wovon er träumt. Los, sag, was du gerne machst! Seine Nachbarin stupst ihn an. Was willst du denn werden?

Und Max hat sich etwas überlegt. Er strahlt in die Runde: *„Ich werde Losverkäufer."*

Zweifelnd schauen ihn die anderen an. Ist das auch ein richtiger Beruf? Losverkäufer?
Doch bevor sie sich weiter wundern können, ergänzt Max: *„Sorglos-Verkäufer."*

„Sorglos-Verkäufer" – aha, Max will also, dass die Menschen sorglos sind. Schön, wenn es diesen Beruf gäbe. Aber Sorglosigkeit können wir uns nicht kaufen. Wir können sie einüben. Wir können uns auf das konzentrieren, was jetzt und heute wichtig ist. Und uns nicht an das hängen, was wir befürchten. So verstehe ich auch Jesus:

„Sorgt euch nicht um morgen – der nächste Tag wird für sich selber sorgen!" (Matthäus 6,34a)

BRUTTOINLANDSGLÜCK

Der König von Bhutan wurde vor einigen Jahren gefragt, wie hoch das Bruttoinlandsprodukt seines Landes sei. 50 US-Dollar pro Kopf, das niedrigste weltweit. *„Aber"*, fügte er hinzu, *„das Bruttoinlandsprodukt interessiert mich nicht. Mich interessiert das Bruttoinlandsglück!"*

Was damals nach einer Ausrede klang, ist mittlerweile Verfassungsziel in dem kleinen Himalajastaat: Das Bruttoinlandsglück soll gesteigert werden. Ein *„Glücksministerium"* wurde eingerichtet. Und das prüft jedes Vorhaben der Regierung, vom Straßenbau bis zu einem neuen Gesetz, ob es die Menschen im Land glücklicher macht oder nicht.

Ist es mit den Traditionen unseres Landes vereinbar?, wird dann beispielsweise gefragt. Bewahrt es die Umwelt? Und wird der wirtschaftliche Erfolg wirklich gerecht geteilt?

Ich finde, das Konzept *„Bruttoinlandsglück"* klingt interessant auch für unsere Politik.

Und es passt genauso für mein persönliches Leben. Dass ich bei den kleinen und großen Entscheidungen meines Lebens danach frage, ob sie das Glück meiner Umgebung vermehren und damit auch meines. Im Detail frage ich: *Tut das meiner Seele gut? Hat mein Körper etwas davon? Hat die Natur, haben meine Mitmenschen, hat meine Familie etwas davon?*
Beides gehört zum Glück: dass ich mir selbst etwas Gutes tue und zugleich meinen Beitrag leiste zum Glück meiner Mitmenschen und meiner Umwelt. Zum gemeinsamen Bruttoinlandsglück!

WUNSCHLOS GLÜCKLICH

Sie rief extra noch einmal an: Ihren Geburtstag nächste Woche wollte sie in großer Runde feiern. Geschwister, Kolleginnen, die Nachbarn sollten kommen – und ich, die Freundin, auch. Was sie sich denn wünsche? Die Frage tat sie schnell ab: *„Ich bin wunschlos glücklich."*

Mit dieser Antwort ließ mich meine Freundin etwas ratlos zurück.

Wunschlos glücklich, heißt das tatsächlich: einfach glücklich? Oder heißt das: Mir fehlt nichts, ich brauche nichts weiter? Oder heißt es: Die Wünsche, die ich habe, kannst du ohnehin nicht erfüllen?

Ich merke, Wünsche verraten eine ganze Menge über mich. Sie zeigen, ob und wo ich unzufrieden bin. Sie zeigen, wo mir etwas fehlt. Sie verraten mehr über mich, als mir lieb ist: meine Bedürftigkeit, meine Sehnsüchte.

Manches gestehe ich nur ungern ein vor anderen. Anderes weiß ich gar nicht von mir. Und das ist wirklich nichts, was sich so leicht am Telefon sagen ließe.

Beim Beten fällt mir das alles leichter. Zu sagen, was ich bei anderen nicht kann. Im Gebet spreche ich meine Wünsche aus, im Gebet gestehe ich Gott meine Bedürftigkeit ein, meine Sehnsüchte. Und mir selbst auch.

Er kennt mich ohnehin – so wie ich bin – mit meinen Schwächen, Wunden, Träumen, Sehnsüchten. Er braucht keine großen Worte, er versteht. Und während ich es ihm sage, werden mir meine Sehnsüchte selbst klar. Meiner Freundin habe ich dann doch etwas mitgebracht.

Ein Geschenk, das auf meiner Wunschliste stand. Jetzt bin ich meinen *Wunsch los* – und sie hoffentlich *glücklich.*

NASIB HEISST GLÜCK

Ihr Name – Nasib – bedeutet Glück. Ich treffe sie in einem Camp für Binnenvertriebene im Norden Somalilands – kein Ort, an dem ich von vornherein übermäßiges Glück erwartet hätte. Bei Nasib aber bekomme ich es zu Gesicht. Fünf Gründe, glücklich zu sein, stehen um sie herum: ihre Töchter und Söhne, die sie zur fünffachen Mutter machen. Welch ein Glück! Und das – sie zeigt mit ausholender Armbewegung auf die Hütte aus Holz und Wellblech, in der ich grob gezimmerte Regale mit Sodaflaschen, Seifenkartons und Zuckersäckchen erkenne –, das sei ihr eigener Laden. Ein Glück!

Wie sie es denn geschafft habe, hier mitten in einem Camp für Geflüchtete am Horn von Afrika ein eigenes erfolgreiches Geschäft aufzubauen, erklärt sie mit Hilfe eines eng beschriebenen Schulheftes. „Das ist meine Buchhaltung", lacht sie. „Hier im Camp habe ich lesen und schreiben und sogar rechnen gelernt."

Wenn sie nicht im Laden steht, engagiert sie sich mit anderen Frauen für die Kinder im Camp: Schulkurse, medizinische Versorgung, sauberes Trinkwasser – da gibt es viel zu tun.

Bei der Frage nach ihrem Mann verdunkeln sich ihre Augen. „Der ist nach Europa geflüchtet", erklärt sie. Vor Jahren haben sie sich gemeinsam vor Gewalt, vor Dürre und Hunger hierher ins Camp gerettet. Nasib hat sich mit dem Leben im Camp arrangiert. Ihr Mann konnte es nicht.

Ob sie ihm denn nach Europa folgen wolle, frage ich Nasib. Sie schüttelt den Kopf. Ihr Leben und das ihrer Kinder sei hier. An diesem Ort könne sie etwas zum Besseren bewegen. Sie findet es hier in Somaliland, ihr Glück.

DIE ZWEITE BETTDECKE

Tagsüber kann er das Alleinsein meist gut ertragen. Mit aufstehen, frühstücken und Tageszeitung schafft er beinah den ganzen Vormittag. Danach wärmt er sich das Mittagessen auf, das ihm die Tochter vorbereitet hat, hält ein Schläfchen auf der Couch. Und dann gibt es ja noch den Fernseher. Früher hat er selbst mit seiner kleinen Kamera gefilmt, auf den vielen Reisen mit seiner Frau, oder bei Familienfeiern. Aber das macht er schon seit Jahren nicht mehr. Genauer: seit dem Jahr, in dem sie starb. Sie war bis dahin immer die Erste gewesen, die einen neuen Videofilm von ihm zu sehen bekam. Sein größter Fan, seine größte Kritikerin. Seine große Liebe.

Tagsüber kann er das Alleinsein meist gut ertragen. Aber nachts, an der Grenze zwischen Wachen und Schlafen, verschwimmen die Wirklichkeiten. Dann ruft er aufgebracht nach der zweiten Bettdecke neben sich, die dort bitte schön hingehört! Dann sucht er vergebens nach der warmen Hand, die er dort 59 Jahre lang fand. „Die könnt ihr mir doch nicht wegnehmen", ruft er in die Dunkelheit. „Ich will sie sofort wiederhaben!" Aber in der Stille seines Schlafzimmers antwortet ihm nur das leise Ticken des Weckers.

Als ich ihn besuche, liegt er im Bett eines Pflegeheims. Er spricht leise, aber mit heiterer Gelassenheit. Er weiß, er wird bald heimgehen, und dann wird er neben seine Liebste gebettet. Wird wieder neben ihr liegen. Diesmal nicht nur 59 Jahre lang, sondern eine Ewigkeit.
Solange, bis kein Wecker mehr tickt und einer kommt und ihn und seine Liebste an seine warme Hand nimmt, sie zu sich ruft, aufzustehen.

DIE KLEIDER VON MAMA

Seit Monaten, genauer: seit der Beerdigung, schieben wir Geschwister den Termin vor uns her. An diesem Samstag ist es nun so weit. Zu dritt stehen wir vor dem Kleiderschrank unserer Mutter, um ihn auszuräumen.

Gemeinsam sichten wir die Blusen, Pullis und Kostüme. Weitergeben oder wegwerfen? Bei jedem Teil, das wir aus dem Schrank nehmen, müssen wir uns entscheiden. Es sind nur kleine Entscheidungen. Aber jedes Kleidungsstück erinnert an die große und schwere Tatsache, von unserer Mutter Abschied nehmen zu müssen.

„Dieses Kleid hatte sie doch zum siebzigsten Geburtstag an!" Inge hält ein braun-weiß gemustertes Chiffonkleid in der Hand. Sie lächelt, als sie sich an das große Familienfest in dem Berggasthof erinnert. „Und hier, schau mal." Martinas Augen leuchten. „Diesen Hosenanzug hatte sie sich für die goldene Hochzeit gekauft."

Stück für Stück räumen wir nicht nur den Schrank aus, sondern kramen dabei auch in unseren Erinnerungen. Schnuppern an den Pullovern, in denen wir noch schwach den Duft unserer Mutter erkennen. Jeder Pulli, den ich in die Hand nehme, ist wie eine Begegnung mit ihr. Ein kurzer Moment aus der Zeit, als sie dieses Teil getragen hat.

Am Ende hat jede von uns ein Kleidungsstück mitgenommen, wie ein Stück aus der Schatztruhe vergangener Zeiten. Unsere Mutter lebt in uns weiter, wir tragen ihre Gene. Und manchmal auch eine Bluse von ihr.

LASS DIR EINEN SEGEN GEBEN

Etwas außer Atem klingelt sie an meiner Haustür. Ein Nachbar hat sie noch aufgehalten, gerade, als sie zu Hause losgehen wollte. *„Erst als ich ihm sagte, dass ich noch zur Pfarrerin will, hat er mich gehen lassen"*, erzählt sie lachend, während wir ins Besprechungszimmer gehen. *„Und er hat mir sogar noch nachgerufen: Lass dir einen Segen geben!"*

Vieles können wir an diesem Nachmittag besprechen und planen. Ein gutes Gespräch. Als wir uns nach zwei Stunden schließlich verabschieden – wir stehen schon in der Diele –, da lässt es ihr keine Ruhe. *„Den Segen will ich jetzt aber doch noch."*

Mit dieser Bitte hat sie mich völlig überrumpelt. Eigentlich weiß ich es ja: Wir Menschen leben davon, dass uns einer sagt: Gott behütet dich. Er geht mit dir und bleibt bei dir. Gott sieht dich, nimmt dich wahr.

Das können wir uns selbst nicht sagen. Dass unser Leben gut wird, dass wir gehalten sind in allen Wechselfällen oder, wie es in einem Kinderlied heißt:

„Gottes guter Segen ist wie ein großes Zelt", dass wir Unterschlupf finden bei Gott. Auch wir starken großen Menschen brauchen das doch immer wieder.

Warum genau meine Besucherin beim Abschied in der Diele gesegnet werden will, habe ich sie nicht gefragt. Ich habe meine Hände auf ihren Kopf gelegt und gesagt: „Gott segne dich."

So wie ich es bei meinen Kindern mache:

Mit einem Kreuzzeichen auf die Stirn, bevor sie sich auf den Schulweg machen. Oder am Abend vor dem Einschlafen. Eine zärtliche Geste mit meinen Händen.

„Gott segne dich" – das wünsche ich auch Ihnen für diesen Tag.

WINTER

EIN ADVENTSGRUSS

Es ist Feierabendverkehr. Müde Gesichter hinter Windschutzscheiben warten genau wie ich vor der Ampel, die auf Rot steht. Ein Blick auf mein Navi zeigt mir die Länge des Staus auf meinem weiteren Heimweg. Nervös stelle ich mir vor, wie lange ich wohl noch unterwegs sein werde, da kurbelt die Fahrerin neben mir das Seitenfenster ihres Wagens herunter und gibt mir Zeichen, mein Fenster ebenfalls zu öffnen. Oje, denke ich. Ist irgendetwas nicht in Ordnung? Habe ich etwa einen platten Reifen oder funktioniert ein Scheinwerfer nicht? In Gedanken organisiere ich bereits einen Werkstatttermin, als ich durch die kühle Abendluft ihren fröhlichen Gruß höre: „Einen wunderbaren Abend und gute Heimfahrt wünsche ich Ihnen!" Ihr Wagen rollt schon los, da ruft sie mir noch zu: „... und einen hoffnungsfrohen Advent!"

Das habe ich nicht erwartet. Ich lenke mein Auto über die Kreuzung und merke, wie sich meine Mundwinkel heben. Ich lächle, mein Herz klopft warm. Der freundliche Gruß hat mich überrascht. Und mich mit Adventsfreude erfüllt.

In meiner Bibel lese ich zu Hause vom Besuch der jungen Maria bei Elisabeth. Beide sind *„guter Hoffnung"*, als sich Maria auf den langen Weg zu ihrer Cousine macht. Schließlich steht sie vor ihr und grüßt sie, *„und es begab sich, als Elisabeth den Gruß Marias hörte, hüpfte das Kind in ihrem Leibe"* (Lukas 1,41a).

Das nehme ich mir für diese Tage des Advents vor: anderen so zu begegnen, dass ihnen dabei das Herz lacht. Mit einer Aufmunterung für die gestresste Kassiererin an der Supermarktkasse oder einem Gruß für einen Unbekannten an der Ampel: Sich so grüßen, dass leuchtende Funken von Hoffnung auf andere überspringen und uns nach und nach zu Hoffnungsträgerinnen und Hoffnungsträgern machen.

Ich wünsche auch Ihnen einen hoffnungsfrohen Advent!

DAS PAKET

Endlich ist es fest verschnürt – jetzt kann ich das Paket zur Post bringen. Wenn alles glatt läuft, dann wird es Weihnachten bei meiner Nichte sein. Sie verbringt gerade ein Jahr in Amerika, als Austauschschülerin. Und ich möchte ihr Weihnachtsheimweh ein wenig lindern, mit diesem Paket aus der Heimat.

Ich ziehe noch einmal fest an den Schnüren. Der Inhalt soll schließlich sicher ankommen.

Und dann stelle ich mir vor, wie meine Nichte die Knoten lösen wird. Ungeduldig einen nach dem anderen. Um an die Überraschung im Innern zu kommen. Hoffentlich gefallen ihr die Geschenke.

Ich selbst liebe es, Pakete auszupacken. Ich spüre immer zuerst das Gewicht. Taste das Verpackte mit den Händen ab. Und dann erst wird ausgepackt: erst eine Seite, danach die andere, bis sich der ganze geheimnisvolle Inhalt zeigt.

Manchmal kommt mir das Leben selbst vor wie ein Überraschungspaket: Es steckt genau das drin, was ich mir wünsche – oder es kommt ein Geschenk, mit dem ich mich erst anfreunden muss.

Ich weiß nicht, was kommt. Es bleibt immer spannend. Aber ich gehe mit Freude und Neugier auf alles zu. Weil ich weiß, dass der, der mir das Leben schenkt, es gut mit mir meint.

LUCIAS LICHT

Das kleine Mädchen trägt ein bodenlanges weißes Kleid. Und auf ihrem Kopf ist ein Kranz mit acht Kerzen aufgesteckt. Sie hält sich sehr aufrecht, nur der Kranz auf ihrem Kopf schwankt ganz leicht. Und bei jedem Schritt, den sie macht, flackern die Kerzen mit.

Ich stehe in einem schwedischen Kaufhaus und sehe diese Gestalt wie aus einer anderen Welt auf mich zukommen. Sie bietet mir Kekse an.

Im ersten Moment bin ich verblüfft, aber ich kenne das schon: Es ist ein schwedischer Brauch. Heute begeht man in Schweden den Tag der heiligen Lucia. In beinah jedem Haus verkleidet sich die jeweils älteste Tochter dann als Lucia, geht morgens von Zimmer zu Zimmer und weckt die Eltern und Geschwister mit den ersten Weihnachtsplätzchen.

Der Legende nach lebte Lucia im vierten Jahrhundert auf Sizilien. Es war die Zeit der Christenverfolgungen. Man versteckte sich in

Katakomben, um Gottesdienste zu feiern. Wer entdeckt wurde, verlor sein Hab und Gut und oft auch sein Leben.

Lucia selbst war Christin und versorgte ihre Glaubensgeschwister, die sich versteckten, mit Nahrungsmitteln.
Und Lucia zeigte sich von einer ganz praktischen Seite. Um in der Dunkelheit den Weg besser zu finden, setzte sie sich einen Lichterkranz aufs Haupt. So hatte sie beim Tragen der Speisen die Hände frei.

Mich beeindruckt diese Lucia: mit ihrem festen Glauben und ihrer gleichzeitig so patent-praktischen Art. Sie zeigt, dass beides zusammengehört: der Glaube, der wie ein Licht im Dunkeln ist, und das tätige Zupacken.

HEIMAT BEHALTEN

Die Kündigung kam im November – fristlos –, daran ließ das Schreiben des Vermieters keinen Zweifel. Bis Mitte Dezember hat die Familie Zeit, die ausstehenden Mietbeträge zu zahlen. Dann würde die Wohnung geräumt.

Wir sitzen gemeinsam an ihrem Wohnzimmertisch, ich, die Pfarrerin, und sie, die Mutter von fünf Kindern. Zwischen uns stapeln sich Briefe und Dokumente: Krankenkasse, Sozialamt, Arbeitsamt, Vermieter – viel Post hat die Familie in den letzten Monaten bekommen. Eine Hilfe war es selten. Die Frau erzählt von ihrem Mann. Er ist chronisch krank. Kann nicht mehr arbeiten. Die fünf Kinder gehen alle noch zur Schule.

„Ich würde Ihnen gern einen Kaffee anbieten, aber …", mein Gegenüber verstummt. Ich habe den leeren Kühlschrank gesehen. Keine Milch.

Kein Zucker. Erst recht kein Kaffee ist dort zu finden.

In diese Leere bringe ich etwas mit.
Der Seniorenkreis hat gesammelt und die Nachbarschaftshilfe auch. Lebensmittelpakete sind im Pfarrhaus abgegeben worden für diese Familie. Und Geld, damit sie die Wohnung behalten kann.

Die Frau nimmt dankbar an. Die Lebensmittel kann die Familie gut gebrauchen. Und das Geld in die Miete stecken. Fürs Erste können alle aufatmen.

Und für mich fügt sich manches zusammen.
Im Advent singen wir: „Komm, o mein Heiland Jesu Christ, meins Herzens Tür dir offen ist."
Gott soll seine Wohnung bei uns behalten. Und diese Familie auch.

LEB-KUCHEN

Ich sitze im Wohnzimmer und genieße den Advent: Aus der blauen Teekanne zieht der Duft von Zimt und Apfel, drei Kerzen brennen und meine Lieblingsmusik klingt aus den Lautsprechern. Ich genieße den Advent, weil das die Zeit ist, in der ich mit allen Sinnen lebe.

Meine Leibspeise in dieser Zeit sind die Lebkuchen. In ihnen ist der Duft aus meiner Kindheit mit eingebacken. Und: Sie schmecken süß und würzig. Ingwer, Anis, Nelken. Diese Mischung ist jahrhundertealt und stammt aus den Klöstern.

Ingwer wärmt von innen und stärkt das Herz.
Anis hält den Atem frei.
Und Nelken entspannen und sollen den Lebensgeist stärken.

Nonnen und Mönche kannten die heilsame Wirkung von Kräutern. Und sie wussten etwas von der Not der Menschen. Sie haben die Lebkuchen in den Klöstern zur Adventszeit an die Armen und Bedürftigen verschenkt. Nicht als Leckerbissen.

Sondern im wahrsten Sinne des Wortes als *„Lebenskuchen".* Sie sollten in der kalten Zeit den Menschen helfen zu leben, ja zu überleben.

In der Adventszeit essen wir Lebkuchen. Und warten auf den, der von sich gesagt hat: *„Ich bin das Brot des Lebens."* Ein Brot, das nicht nur unseren Leib satt macht, sondern uns wärmt von innen und unser Herz stärkt. Denn satt werden wir ja alle nicht vom Brot allein. Wir brauchen jemanden, der uns liebt. Und wir brauchen jemanden, mit dem wir das Brot teilen.

JESUS AUF DEM WEIHNACHTSMARKT

Weihnachtsmarkt, Jingle Bells, gebrannte Mandeln. „Stell dir vor", beginnt mein Mann und hakt mich unter, „stell dir vor, Jesus wäre jetzt hier." Ich schaue ihn verblüfft an. Unbeirrt fährt er fort: *"Jesus höchstpersönlich würde zwischen den Buden schlendern und an seine Geburt im Stall von Bethlehem denken."* Ich steuere erst mal den Glühweinstand an. „Okay, spielen wir den Gedanken durch."

„Wahrscheinlich", beginne ich, „würden ihn die wenigsten erkennen. Obwohl er die Hauptperson ist. Es geht schließlich um seinen Geburtstag."
Wir überlegen weiter. Ob Jesus etwas einzuwenden hätte gegen den Trubel? Staunen würde er schon, wie die Menschen seinen Geburtstag feiern: mit Bratwürsten und süßen Mandeln, Buden voll bunter Socken und Krippen mit geschnitzten Tieren, die so ganz anders ausschauen als die in Palästina.

„Vielleicht würde er sich einfach dazustellen." Lächelnd rückt mein Mann ein Stückchen näher. „Würde sich einfach zu uns stellen – mit einem Becher Glühwein in der Hand. Und wenn die Musik Pause macht, würde er fragen: Dein Herz – ist das hier bei der Sache?" Ich überlege weiter: *„Und er würde erklären, wofür sein Herz schlägt: für den Frieden zwischen den Völkern und in der Familie. Für die Liebe zu den Menschen und zu Gott. Für die Solidarität mit Notleidenden."* Ich sehe meinem Mann fest in die Augen. *„Und dann würde Jesus ganz konkret fragen: Habt Ihr euch und auch andere lieb, oder trinkt ihr nur Glühwein?"* Und mit einem Augenzwinkern füge ich hinzu: „Wir sollten auf jeden Fall aufmerksam hinschauen, wer sich an unseren Tisch stellt."

WAS MICH GLÜCKLICH MACHT

Was macht dich glücklich? Dass der Pandabär auf Isländisch Bambusbjörn heißt, erfahre ich auf Facebook von Klara. In einem Magazin entdecke ich Bilder von Prominenten, die sich mit ihrem Lieblingsgegenstand fotografieren lassen, von der Massage-Fußbank bis zum Porzellan-Spiegelei. Diese Dinge machen sie glücklich.

Und hier, im Osten Ugandas? In einem Dorf besuche ich eine Selbsthilfegruppe und frage die Frauen, die sich unter einem großen Mangobaum treffen, was sie glücklich macht.

„Mein Aluminium-Kochtopf macht mich glücklich!", meint Sonja. *„Den habe ich mir geleistet vom Verkauf der Tomaten aus meinem Hausgarten."* Ihre bisherigen selbst gebrannten Tontöpfe seien oft schon nach kurzer Zeit zerbrochen, jetzt hat sie einen Topf, der hält.

Lisa rafft ihr Wickeltuch um sich und richtet sich auf: „Dass ich hier aufrecht vor euch stehe und mich traue, etwas mit fester Stimme zu sagen und euch in die Augen zu schauen!" Das, betont sie, sei für sie das größte Glück überhaupt.

Für andere ist es der Schulbesuch ihrer Kinder, für den sie jetzt das Schulgeld aufbringen, eine eigene Matratze oder der energiesparende Lehmofen, der so viel weniger Holz braucht als das Kochen auf drei Steinen.

Anna, die älteste Frau in der Gruppe, fasst es zusammen: *„Wir helfen uns gegenseitig bei der Arbeit auf dem Feld und unsere Stimme wird im Dorf gehört. Ich schlafe im Trocknen, habe zu essen und habe Freundinnen – das macht mich glücklich."*

Sie spricht mir aus der Seele. Ein guter Platz zum Leben – Menschen, die mich unterstützen und die ich gernhaben kann – das macht auch mich glücklich.

WAS UNS BEWEGT

Ich bin bei einer Fortbildung. Der Referent kam auf die Minute pünktlich in die Sitzung – und doch wirkte er gehetzt. Sein Thema hat er sachkundig vorgetragen. Und doch habe ich ein komisches Gefühl: Da stimmt etwas nicht, irgendetwas lenkt ihn ab.

Beim Stehkaffee dann komme ich mit ihm ins Gespräch: *„Heute Vormittag wurde meine Mutter operiert. Ich warte noch immer auf den Anruf aus der Klinik."* Seine Stimme wird leiser. *„Sie ist noch gar nicht so alt."*

Vieles hatte ich an diesem Vormittag von dem Referenten erfahren. Aber das, was ihn momentan am meisten beschäftigt, habe ich nicht erkannt.

„Der Mensch sieht, was vor Augen ist,
Gott aber sieht das Herz an", heißt es in der Bibel
(vgl. 1. Samuel 16,7b).

Das Herz einer anderen Person erkennen – Was treibt sie an? Was bewegt sie? –, uns Menschen fällt das nicht leicht. Wir können nicht bei jeder Begegnung tief ins Innere unseres Gegenübers blicken. Es macht unser Miteinander aber sehr viel menschlicher, wenn wir uns erzählen, was uns besonders bewegt.

Ich nehme mir auf jeden Fall vor, zu Beginn von längeren Gesprächen zu erwähnen, wenn mir etwas auf der Seele liegt. Damit die anderen besser verstehen, was ich später noch alles zu sagen habe.

HABSELIGKEITEN

Den ganzen Nachmittag haben Möbelpacker Kisten und Kästen in den dritten Stock geschleppt. Jetzt sitze ich in der neuen Wohnung und sehe auf die Kartons, die sich ringsum an den Wänden stapeln. Es wird Tage dauern, bis alles ausgepackt ist und meine Habseligkeiten einen neuen Platz gefunden haben. Ich stutze, dass mir gerade dieses Wort für unseren Hausstand einfällt: *Habseligkeiten.*

Vor einigen Jahren haben Sprachexperten es zum schönsten deutschen Wort gewählt. Ich frage mich, was es eigentlich bedeutet. All die Dinge in den Kartons, die Kleider, Bücher und der Küchenkram, all diese Dinge habe ich. Aber macht mich das, was ich da an Besitz angehäuft habe, auch selig?

Sicher ist: Manches davon erleichtert mein Leben. Oder es macht mir Freude. Aber nicht alles, was ich habe, ist wirklich notwendig. Vielleicht sind Habseligkeiten ja nur das wenige, was ich zu brauchen meine, um das Leben zu bestehen. Also das, was ich gerade so tragen kann auf den alltäglichen Wegen und was mich doch, auch wenn es wenig ist, glücklich oder selig macht.

Mit diesem Gedanken stehe ich auf und bahne mir im Halbdunkel einen Weg ins Nebenzimmer. Dort steht schon das Bett aufgebaut und mittendrauf liegt – in voller Umzugsmontur! – mein Mann und schläft tief und fest.

Ich muss lächeln. All die Habseligkeiten in den Kartons, sie machen das Leben sicherlich ein Stück leichter und angenehmer.

Aber selig, da bin ich mir sicher, selig macht mich allein die Liebe.

GESCHÄTZT WERDEN

Von Nachbarn und Kolleginnen werde ich nach meinem Umzug immer wieder mal gefragt, ob ich mich denn in der neuen Stadt schon zu Hause fühle. Ob ich in der *„neuen Heimat"* schon angekommen sei? Gar nicht so leicht, darauf zu antworten! *„Heimat"* ist ja viel mehr als nur der Ort, an dem ich lebe. Für mich ist Heimat vor allem da, wo Menschen sind, die mich mögen und mich schätzen.

Maria und Josef, so lese ich in der biblischen Weihnachtsgeschichte, machten sich auf, „ein jeglicher in seine Stadt", um dort „geschätzt" zu werden. Allerdings waren es bei ihnen nicht wohlmeinende Menschen, die sie mit offenen Armen erwarteten. Es ging um ihre Steuer-Schätzung.

„Geschätzt werden" heißt beides: verwaltungsmäßig registriert und als Person wertgeschätzt werden. Auf beides hoffen Männer, Frauen und Kinder, die sich aufmachen und ihre Heimat verlassen. Auf der Flucht vor Gewalt, Armut und Perspektivlosigkeit suchen sie einen sicheren Ort, an dem sie Aufnahme finden. Wenn sie bei uns ankommen, werden sie registriert und erfasst, auch mit dem Nötigsten versorgt. Zum Ankommen, das spüre ich selbst, braucht es aber noch mehr: dass sie *Mitmenschlichkeit* erleben, *respektiert* und *geachtet* werden. Eben geschätzt werden.

Selbst bei meinem kleinen Umzug innerhalb Deutschlands war diese Wertschätzung wichtig. Meine Nachbarinnen in der neuen Hausgemeinschaft haben sie mir auf unterschiedliche Weise gezeigt. Manche haben mich mit guten Tipps versorgt, andere standen einfach mit einem Kuchen vor der Tür: „Schön, dass Sie da sind!" – Bei solch einem Willkommen fällt es leichter, irgendwann zu sagen: *Ich schätze, ich bin in der neuen Heimat angekommen.*

DU HÄLTST MICH

Der Alarm kommt aus dem Nachbarort. Ein Notarzt dort hat mich angefordert. *"Schickt jemanden von der Notfallseelsorge."*

„Schwerer Verkehrsunfall", übermittelt die Rettungsleitstelle. Und noch während ich am Telefon Namen und genauen Unfallort notiere, fügt der Rettungssanitäter am anderen Ende der Leitung hinzu: „Es geht um ein Kind."

Ich ziehe meine gelbe Einsatzjacke über und packe die Tasche ins Auto. Seit Jahren lebe ich so „auf Abruf": für ein paar Tage im Monat, mit zwei bis drei Notrufen in der Woche. Wenn eine Mutter morgens ihr Kind leblos im Bett findet, oder einer Ehefrau mit ihren Kindern die Nachricht überbracht werden muss, dass der Ehemann und Vater bei einem Verkehrsunfall ums Leben gekommen ist. Immer dann, wenn Schmerz, Verzweiflung und Angst übermächtig werden. Dann mache ich mich auf den Weg.

Der Rettungshubschrauber mit dem verletzten Kind hebt gerade ab, als ich bei den Eltern eintreffe.

Es wird ein langer Tag – für uns alle. Gemeinsam fahren wir ins Krankenhaus. Halten die Ungewissheit aus. Das Warten.
Als Notfallseelsorgerin kann ich die Not nicht wegnehmen. Es gibt kein Medikament für den Seelenfrieden. Nur ein Mit-Aushalten.

So, wie es in einem meiner Lieblingspsalmen heißt: *„Dennoch bleibe ich stets an dir, denn du hältst mich bei meiner rechten Hand" (Psalm 73,23).*

Das hilft auch mir: Gott bei all meinem Tun und Sein an meiner Seite zu wissen.

ALLES IM GRIFF

Ich flitze den Flur entlang und werfe einen raschen Blick auf die Uhr. Ich bin knapp dran, das weiß ich, aber gleich habe ich es geschafft und komme noch pünktlich zu der Besprechung. Den Zusammenstoß mit der Kollegin, die mit einer dampfenden Kaffeetasse in der Hand um die Ecke biegt, vermeide ich in letzter Sekunde. Nur wenige Schritte trennen mich von meinem Ziel. Erleichtert und schwungvoll will ich die Tür zum Konferenzraum öffnen – und habe plötzlich den Griff in der Hand. Den Türgriff allein – ohne Tür. Verblüfft stehe ich vor der geschlossenen Tür und schaue auf die Klinke in meiner Rechten. Wie kann das sein? Eben noch dachte ich, ich habe alles im Griff. Und jetzt habe ich den Griff in der Hand, und es ist ganz anders als geplant!

Solche Situationen passieren mir immer mal wieder. Da will ich, dass alles so läuft, wie vorgesehen, dass nichts schiefgeht und ich alles unter Kontrolle – eben im Griff – habe. Und dann haben die Ereignisse eher mich im Griff, und ich erlebe, dass Dinge misslingen und anders als geplant laufen.

Mir hilft es dann, wenn ich in Gedanken einen Schritt neben mich trete und wie von außen auf das schaue, was da im Moment geschieht. So erkenne ich leichter, dass das, worauf ich gerade noch krampfhaft fixiert war, oft auch verblüffend anders zu lösen ist.

Um mich daran immer wieder zu erinnern, steht eine Postkarte auf meinem Schreibtisch. *„**Engel können fliegen, weil sie das Leben leichtnehmen**"*, steht darauf – ein Zitat von G.K. Chesterton. Nicht auf die leichte Schulter nehmen sie das Leben; aber sie vertrauen darauf, dass Gott es mitträgt.

Während ich noch mit der Klinke in der Hand vor der geschlossenen Tür stehe, öffnet sie sich von innen, und eine schmunzelnde Kollegin steht mir gegenüber. Ja, denke ich, während ich auf meinen Platz in der Runde zusteuere. Ich habe nicht immer alles im Griff. Aber weil Gott mein Leben mitträgt und mich hält, kann ich mein Leben leichtnehmen, wie ein Engel.

DAS BEWERBUNGSTRAINING

Zum letzten Mal in diesem Jahr treffen sich die Konfirmandinnen und Konfirmanden in unserem Gemeindehaus. Sie haben Tee gekocht, sitzen gemütlich zusammen und erzählen: Schulnoten, der letzte Streit mit der Mutter, Tims kleine Schwester Julia kommen ins Gespräch. Sie wurde am Sonntag getauft: und hat mit ihren drei Monaten die gesamte Taufe verschlafen.

Und dann ist Max dran – und sein Bewerbungstraining.

Für Max geht im Frühjahr die Schule zu Ende. Wenn er den Quali schafft, will er Koch werden. Zwei Samstage lang war er jetzt beim Bewerbungstraining. Es sollte ihn fit machen für den Start ins Berufsleben: *Was ziehe ich an? Wie mache ich einen Vorstellungstermin aus? Wo bekomme ich Informationen über mein Wunschhotel, bei dem ich mich bewerbe?* – Er hat eine Menge nützliche Tipps bekommen. Und er hat selbst heftig geübt: Die ganze Bewerbungsszene hat er durchgespielt und sie wurde auf Video aufgenommen. Damit er noch daran feilen kann.

Die anderen in der Gruppe sind beeindruckt. *„Du hängst dich ja ganz schön rein. Da muss dich das Hotel doch einfach nehmen."*
Max ist sich nicht so sicher. Er weiß, es gibt auch noch andere Bewerberinnen und Bewerber für seine Lehrstelle. Und die bereiten sich ebenfalls sorgfältig vor.

Da meint Tim etwas verschmitzt: *„Bei Julia hat es geklappt. Sie hat die ganze Zeit geschlafen. Hat gar nichts dazu getan. Und ist doch getauft worden. Ohne Bewerbungstraining."*

Ja: Bei Gott gibt es keinen Wettbewerb. **Er nimmt uns an, wie wir sind.**

Vielleicht hilft genau das dem Max: dass er mit gestärktem Rücken, aufrecht in sein Bewerbungsgespräch gehen kann.

ADVENT IN ÄTHIOPIEN

Wie Advent fühlt es sich für mich gerade nicht an! Zwar schickt mir meine Familie Bilder vom Münchner Christkindlmarkt auf mein Smartphone, mit tannengeschmückten Ständen voll bunter Krippenfiguren. Aber hier in Äthiopien, wo ich ein Hilfsprojekt für Kinder besuche, scheint mir Weihnachten weit entfernt zu sein. Heiß und stickig steht die Luft in den schmalen Gassen zwischen wellblechgedeckten Flachbauten mit windschiefen Türen.

Hinter einer solchen Tür wohnt Senait. Sie sitzt auf dem einzigen Bett im Raum, nur ein Vorhang teilt es in der Mitte. Zwei eigene Kinder leben bei ihr, erzählt sie munter, und seit einem Jahr auch noch die zwei Kinder ihrer verstorbenen Schwester, fünf und sechs Jahre alt. Ich versuche mir gerade vorzustellen, wie diese Frau mit vier Kindern in dem Bett Platz findet, da redet sie schon weiter. Insgesamt seien es ja drei Familien, die in diesem Raum wohnen. Ich frage noch mal nach: Wie, drei Familien? Na ja, erklärt sie: Da ist sie, die alleinerziehende Mutter mit den vier Kindern. Dann gibt es noch eine Freundin mit ihrer Tochter, die bei ihr wohnt. Und – jetzt überzieht ein Lächeln ihr Gesicht – vor kurzem sei noch ein junges Waisenmädchen zu ihr gekommen. Hochschwanger und tief verängstigt war sie, fand nirgends einen Platz für sich, keine Herberge. Das Mädchen ahnte wohl, dass Senait mit ihrer Lebenserfahrung und ihrem Wissen, wie schwer das Leben einer alleinerziehenden Mutter sein kann, sie nicht allein lassen würde. Sie wurde nicht enttäuscht. Was sie in diesem Zimmer fand, war Hilfe bei der Geburt ihres Kindes. Einen Platz, an dem sie willkommen war – und ist. Mitmenschlichkeit.

Die Herbergsmutter Senait empfindet ihre Hilfe für diese junge Familie übrigens als großen persönlichen Gewinn für sich selbst. Sie ist stolz darauf, dass die junge Mutter sich in ihrer Not an sie gewendet hat. Das sei ein großer Vertrauensbeweis, dass eine fremde junge Frau ausgerechnet sie als Beraterin und Helferin auswählte. Das zeigt ihr: Sie selbst hat viel zu geben.

Mit Senaits Geschichte von der jungen Mutter und ihrem Baby rückt für mich hier in Äthiopien Weihnachten doch noch ganz nah.

EIN MAKELLOSER ESEL?

Eingemummt in meine Lieblingsdaunenjacke stapfe ich über den Christkindlmarkt: neben mir, mit hochgeklapptem Kragen und dicken Schals um den Hals mein Mann und unsere beiden Töchter.

Langsam bummeln wir von Stand zu Stand: kosten bei den gebrannten Mandeln, schnuppern an den Bienenwachskerzen. Und dann schauen wir uns Krippenfiguren an.

Diese kleinen Gestalten begeistern mich immer wieder. Bayerisch-barocke Miniatur-Hirten in Lederhosen gibt es da und Könige im prächtigen Orient-Look. Schließlich landen wir bei den Tieren: Schafe, Kamele, Ochsen und Esel.

Ein Esel fällt mir besonders auf. Breitbeinig, den Kopf keck erhoben, als ob er jeden Moment sein *Iah!* losschmettert. Ein hübscher Kerl. Ich drehe ihn in der Hand.

Der Esel, der in unserer Krippe zu Hause steht, ist längst nicht mehr so ansehnlich. Vor zwei Jahren hat er sein linkes Ohr verloren. Wir fanden es später, ganz unten im Karton, wo er das Jahr über eingepackt liegt. Die dünne Klebenaht, die er jetzt am Ohransatz trägt, ist kaum zu sehen. Aber alle aus unserer Familie kennen sie natürlich.

Ich habe den fremden Esel immer noch in der Hand, als meine Töchter zu mir drängen. Stirnrunzelnd schaut mich die Jüngere an. Willst du etwa den da …? Nein, das war nur eine Idee.

Vorsichtig stelle ich die Figur wieder zurück auf den Verkaufstresen. Nein, so ein makellos perfekter Esel würde nicht zu uns passen. Die Spuren von Glück und Leid – Lebensspuren – sind es, die einen Esel interessant machen. Und uns Menschen auch. So, wie wir sind, gehören wir zu Weihnachten an die Krippe.

UM DIE KRIPPE

„Liebt Ihr Familientreffen?" So habe ich mich jetzt, kurz vor Weihnachten, in meinem Freundeskreis umgehört. Die Meinungen gehen ziemlich auseinander. *„Das ist Mega-Stress pur"*, stöhnen die einen. *„Zu viel Essen, zu viele Leute, alles viel zu eng, und immer die Angst, dass sich zwei in die Wolle kriegen."*
Für die anderen sind die gemeinsamen Stunden kostbarer Höhepunkt der Weihnachtsfeiertage, auf die sie sich seit langem freuen.

Während ich zu Hause die Figuren unserer Weihnachtskrippe auspacke und einen Platz für sie in dem grob gezimmerten Stall suche, denke ich an meine Familie.

Mutter war blass beim letzten Treffen – und ganz schmal ist sie in diesem Jahr geworden. Vorsichtig packe ich die Figur der Maria aus und stelle sie neben die leere Krippe. Und da ist der Joseph. Ohne Stock tut er sich schwer zu gehen, der Vater. Er bekommt seinen Platz hier, nah bei seiner Frau.

Eine Figur nach der anderen rolle ich aus dem Zeitungspapier. Und muss selber schmunzeln über die Ähnlichkeiten, die ich mit manchen Familienmitgliedern entdecke.
Schließlich steht die Krippe, alle Figuren sind an ihrem Platz. Bis auf – die Mitte.
Für die Menschen in Bethlehem war das Christuskind in der Krippe das Zentrum: Hirt und König, Groß und Klein – gemeinsam um die Krippe kniend ging es gut miteinander.

Und bei uns? Das Christuskind werde ich erst morgen in seine Krippe legen. Mit ausgebreiteten Armen bringt es die Botschaft: *Gott liebt dich, so wie du bist, ohne Bedingung.* Die ganze Familie soll sich drum herum versammeln. Die Weisen und auch die weniger weisen.

WEIHNACHTEN DAHEIM

„Nee, det war nischt." Der Fahrer steuert sein Taxi durch den zähen Verkehr. Es ist kurz vor Weihnachten, alle sind unterwegs, für schnelle Besorgungen, letzte Fahrten oder schon auf dem Weg in die Ferien.

An Heiligabend arbeiten, das kennen wir beide – er als Taxifahrer und ich als Pfarrerin. Ist es besser, bei den Verwandten zu feiern? Oder lieber zu Hause? Oder gleich in Urlaub zu fahren?

„Nee, det war nischt", entfährt es meinem Taxifahrer wieder. Einmal war er weg an Weihnachten, auf Fuerteventura, mit seiner Frau. Sicher, das Hotel hat sich schon Mühe gegeben, mit Weihnachtsbäumen in der Lobby und Geschenkpaket-Attrappen im Speisesaal. Und alle waren sehr freundlich, ja.

„Aber Weihnachten ist doch ganz anders!", poltert er. *„Mit Matschwetter und Stress und Vorbereitungen in letzter Sekunde. So war det schon immer."* Im Urlaub auf der Insel dagegen hat immer die Sonne geschienen. Er war mit seiner Frau barfuß am Strand. Nein, sagt er, so ein problemloses Weihnachten braucht er nicht noch mal. Ihm haben sogar die miesepetrigen Verwandten gefehlt.

Ich muss laut lachen. Was für eine wunderbare Idee: All die vorhersehbaren Schwierigkeiten an Weihnachten werden einfach zum „Normalfall" erklärt.

Die Geburt Jesu damals war auch alles andere als perfekt. Eine Hochschwangere muss zu Fuß quer durchs Land. Obdachlos bringt sie ihr Kind im Stall zur Welt. Mit fremden Besuchern, die Geschenke bringen, mit denen ein Säugling nicht wirklich etwas anfangen kann.
„Ja", grinst mein Taxifahrer selig, *„Weihnachten, det is richtig nur mit Matschwetter, miesepetrigen Verwandten und unbrauchbaren Geschenken."*

WEIHNACHTEN IN DER STEPPE

Es war mitten in der afrikanischen Steppe. Die letzten Monate hatte ich hier junge Frauen und Männer an einer kleinen Berufsschule unterrichtet. Jetzt ging es auf Weihnachten zu und ich fragte in der Dorfkirche nach dem Gottesdienst für Heiligabend. *Heiligabend?* Nein, hieß es, am ersten Weihnachtstag wird ein Gottesdienst gefeiert, aber nicht am Vorabend.

Mein bayrisches Pfarrerinnen-Herz meldete sich. Wäre es nicht wunderbar, wenn die Dorfgemeinde in diesem Jahr die Geburt Jesu auch schon am Abend des 24. Dezembers feiern könnte? Ich begann zu planen: Lieder, Lesungen, Predigt. Der weiße Talar wurde gebügelt und Scheinwerfer organisiert. An eine Autobatterie angeschlossen, sollten sie in der afrikanischen Nacht für Licht sorgen.

Erwartungsvoll saßen die Dorfbewohner an Heiligabend in der dunklen Kirche. Die Mesnerin schlug als Glocke auf eine alte Autofelge. Und steckte dann die Scheinwerfer ein: Licht an.

Noch während ich die Gemeinde begrüßte, wurde mein weißer Talar langsam schwarz. Wie ein Magnet zog das Scheinwerferlicht Millionen von Insekten an. Es wurde ein in jeder Hinsicht lebendiger Gottesdienst.

In dieser Nacht habe ich zweierlei verstanden: *Weihnachten ist keine Frage des Zeitpunkts.* Die Geburt des Gotteskindes berührt und bezaubert Menschen – und sogar die ganze Kreatur – in aller Welt, ob morgens oder abends, früher oder später.

Und: Manchmal gibt es ein Zuviel an Vorbereitung. Dann ist weniger mehr und es genügt ein einziger Gottesdienst, ein Geschenk, eine liebevolle Umarmung. In diesem Sinne: *eine frohe Weihnachtszeit!*

GUT BEHÜTET

In Hauspantoffeln schlurft er über den Flur, schiebt langsam einen Fuß vor den anderen. Seit drei Wochen wohnt er in der Kurzzeitpflege, die Wege in den Ruheraum, ins Bad kennt er mittlerweile. Unter der Anzughose blitzt ein Stückchen Schlafanzug hervor. Es stört ihn nicht, Kleidung war ihm nie besonders wichtig. Wenn sie ihm sagen, dass der Morgenmantel nicht über den Anzug passt, dann zieht er ihn halt wieder aus.

Nur seinen Hut – den lässt er sich nicht nehmen. Den trägt er den ganzen Tag über. Nicht nur beim Spazierengehen. Auch beim Fernsehen. Beim Kaffeetrinken. Im Bad. Seinen Hut trägt er fast immer.

Nur einmal an diesem Tag nimmt er den Hut für einen kurzen Moment vom Kopf.
Eine ganze Weile hat er da schon mit seiner

Frau telefoniert; ihr zugehört, wie sie von der Arztvisite an ihrem Bett erzählt. Von dem neuen Medikament, das sie jetzt bekommt. Und dass sie heute sogar aufgestanden ist.

Als sie sich mit einem „Behüt-dich-Gott" von ihm verabschiedet, schließt er für einen Moment die Augen und lacht. Den Hörer noch immer in der Hand, lupft er mit der anderen kurz seinen Hut. „Das macht er schon", sagt er und setzt sich den Hut wieder fest auf den weißen Haarkranz.

„Behüt dich Gott" – ihm hilft offensichtlich sein Hut, das den ganzen Tag über zu spüren: wie Gott be-hütet.

WAS DANACH KOMMT

Sie sagte es jedes Mal scherzhaft, in heiklen Situationen oder vor einem Gang zum Zahnarzt. „Lieber würde ich jetzt noch ein Kind bekommen." Sie sagte es scherzhaft, und doch glaubten wir ihr jedes Mal. Für eine Geburt ging sie gern in die Klinik.

Vier Kindern hat sie das Leben geschenkt. Viermal neues Leben gefeiert. Nicht der Schmerz, nicht die Dauer der Geburt blieben im Gedächtnis. Sondern das, was danach kam: viel Freude über das neue Leben!

Jetzt ist sie 81. Und wenn ich sie im Krankenhaus besuche, liegt sie mit schmalem, spitzem Gesicht auf dem scheinbar viel zu großen Kopfkissen. Ihre Augen sind klar, nicht mehr schmerzgetrübt, wie so oft in den vergangenen Wochen. Ein zarter grauer Flaum bedeckt ihren Kopf.

„Wie ist das denn – zu sterben?"

Sie hat ihre Hand auf meine gelegt und schaut mich an. Ihr Blick ist wach, ohne Angst. Erwartungsvoll. Fast höre ich sie ihren Satz schon sagen: „Jetzt lieber ein Kind bekommen." Sie sagt ihn nicht. Aber ich erzähle ihr, dass Martin Luther das Sterben wie eine Geburt beschreibt. Aus der Enge dieser Welt in die Weite des Himmels hinein.

Nicht der Schmerz,
nicht die Dauer des Übergangs sind entscheidend.
Sondern das, was danach kommt:
die Freude über das neue Leben!

ZU GAST BEI ALLEN

Er war einer der klügsten Köpfe seiner Zeit und lehrte an Fürstenhöfen und Universitäten in ganz Europa. Erasmus von Rotterdam galt schon zu seinen Lebzeiten als sprachgewaltiger Gelehrter der Extraklasse. Tausend Wörter soll er pro Tag geschrieben haben. Sie atmen den Geist von Toleranz und Frieden.

Die Stadt Zürich hat ihm eines Tages – im Jahr 1522 – das Bürgerrecht angeboten. Welche Stadt würde nicht gern solch einen prominenten Freigeist beherbergen? Aber Erasmus lehnt ab: „Ich danke dir sehr für deine Zuneigung und die deiner Stadt", schreibt er seinem Zürcher Freund Zwingli. „Aber ich wünsche, ein Bürger der Welt zu sein, allen gemeinsam, oder besser, für alle ein Fremder."

Ein starker Satz: *„Ich möchte überall ein Fremder sein."* Nicht Deutscher, Schweizer oder Engländer. Sondern Weltbürger und Gast bei allen.

Mit dieser Haltung bewegte sich Erasmus auf den Spuren Jesu. Die Weihnachtsgeschichte erzählt, dass Jesus weit entfernt von der Heimat seiner Eltern geboren wurde. Sterndeuter aus fremden Ländern kamen ins kleine Bethlehem, um ihn als ihren König zu verehren. Gottes Sohn kam auf die Welt als einer, der überall zu Hause ist, der Bruder und Gast bei allen sein will.

Als großer Europäer wirkt Erasmus bis heute fort. Das europaweite Austauschprogramm für Studierende trägt seinen Namen. In 33 Ländern lernen junge Menschen, sich über alle Grenzen hinweg zu begegnen und auszutauschen.

Überall Fremde und überall Gäste.

DIE HIMMELSTREPPE

Die Himmelstreppe: In alten Münchner Häusern ist sie manchmal noch zu finden. Sie führt schnurstracks nach oben über mehrere Stockwerke. Ein Blick von unten auf meine Lieblings-Himmelstreppe in der Alten Pinakothek zeigt mir jedes Mal: Es stimmt. *Es sieht aus, als führe die Treppe bis in den Himmel.*

Auf Mindoro, einer der vielen Inseln der Philippinen, begegnet mir die Himmelstreppe wieder. An einem Berghang inmitten eines großen tropischen Gartens finden ehemalige Straßenkinder ein neues Zuhause. Die verschiedenen Häuser, in denen sie wohnen, sind über viele Treppen miteinander verbunden. Und das Zentrum heißt übersetzt auch so: *Die Treppe.*

Die Kinder finden hier den Ausstieg aus einem Leben voller Missbrauch, Elend und Gewalt. Vieles ist neu für sie: Kleidungsstücke, die keine Lumpen sind, warme Mahlzeiten, die sie satt machen, ein geregelter Tagesablauf, Menschen, die sich wirklich für sie interessieren.

In dieser geschützten Umgebung üben die Kinder ihr neues Leben. Das ist anstrengend. Die Treppe aus dem Elend heraus ist steil: sich an Regeln halten, in feste Strukturen einfinden, sich und andere respektieren. Schritt für Schritt üben sie. Und entdecken dabei ihre eigenen Talente. In einer kleinen Gemäldegalerie unter freiem Himmel bewundere ich ihre Werke. Malen ist für viele eine Hilfe, die Erlebnisse der Straße zu verarbeiten.

Die Alte Pinakothek in München mit ihrer Gemäldegalerie und der steilen Himmelstreppe werde ich auch künftig gern besuchen. Aber die Treppe, die missbrauchte Kinder aus dem Elend führt, hat als *„meine philippinische Pinakothek"* einen besonderen Platz in meinem Herzen.

FRINGSEN

Der Winter war kalt und Brennmaterial knapp. Noch in der Erinnerung fröstelt es die alte Dame. 1946 hat sie als Kind in Köln eisige Wochen erlebt.

Ihre Heimatstadt lag fast völlig in Trümmern. Ihre Familie hatte sich notdürftig in den Ruinen eingerichtet. Und dann kam der frostige Winter. „Uns fehlte alles", erzählt sie, „vor allem Essen und eine Heizung. Viele Menschen sind damals erfroren."

In ihrer Not haben sich viele Kölner das Notwendigste genommen, wo immer sie es entdeckt haben. Vor allem Kohle zum Heizen. Die haben sie aus Lastwagen und Güterwaggons einfach geklaut.

„Und Frings gab seinen Segen dazu." Die alte Dame lächelt im Rückblick. Der damalige Erzbischof von Köln, Josef Kardinal Frings, erklärte in seiner Silvesterpredigt, dass in Zeiten großer Not der Einzelne das nehmen dürfe, was zum Erhalt seines Lebens und seiner Gesundheit notwendig sei. Stehlen aus blanker Not, in Köln heißt das seitdem „fringsen".

Das hat die alte Dame geprägt. „Hungern und frieren muss hier niemand mehr", weiß sie. Aber Menschen brauchen mehr zum Überleben. *„Der Mensch lebt nicht vom Brot allein",* zitiert sie ihren Lieblingsvers aus der Bibel (Matthäus 4,4).

Deshalb gibt sie, was sie für lebensnotwendig hält: Verständnis, Zuwendung und Liebe. Begeistert erzählt sie, dass sie im Advent einen Nachmittag lang ihre Haustür aufgemacht hat. Überraschend viele Menschen sind zu ihr gekommen. Mit einem neckischen Lächeln ergänzt sie: *„Am Ende habe ich denen immer gesagt: Kommen Sie ruhig wieder und nehmen Sie sich so viel von meiner Zeit, wie Sie brauchen. Fringsen Sie!"*

GOTT ZUM LACHEN BRINGEN

Es war ein langer Tag – Besprechungen, Sitzungen und Planungen. „Genug für heute", entscheidet meine Freundin am Abend. Und nimmt mich mit zur Lachtrainerin.
Kann man lachen üben?, frage ich mich, als wir schon auf dem Weg sind. Ich weiß noch, wie wir als Kinder wegen nichts lauthals losprusten konnten. In diesen Momenten war nur Lachen, ungebremst, voller Freude. Aber das war vor Jahrzehnten!

Zwei Stunden später weiß ich: Lachen lässt sich lernen. Es sind oft nur Kleinigkeiten, die uns dazu motivieren, die Mundwinkel anzuheben und die uns lächeln lassen: ein quer zwischen die Lippen geklemmtes Salzstangerl oder ein fröhlich durch den Raum gewunkener Gruß.

Als schließlich die ganze Gruppe – in Anzug und Kostüm – zum Abschluss wie ein Rasenmäher tuckernd durch die Eingangshalle saust, sprudelt und gurgelt das Lachen aus allen Kehlen.

Damit will ich gerne weitermachen: aus vollem Herzen zu lachen. Es gelingt, wenn ich in der Lage bin, mich selbst nicht so ernst zu nehmen. Wenn ich mich hinreißen lasse. Denn: Lachen hat mit Loslassen zu tun, mit einem Stück Abstand zu mir selbst und zu dem, was ich selbst kontrollieren kann.

„Und wie bringt man Gott zum Lachen?", fragt die Lachtrainerin uns beim Verabschieden. *„Erzähl ihm deine Pläne für nächstes Jahr!"*

Abschied

Heimat	22
Vorübergehend nicht erreichbar	28
Was am Ende kommt	40
Urlaub zu Hause	80
Auf ein neues Leben	112
Die Natur trägt bunt	146
Die zweite Bettdecke	156
Die Kleider von Mama	158
Was danach kommt	202

Adventszeit

Ein Adventsgruß	164
Das Paket	166
Lucias Licht	168
Heimat behalten	170
Leb-Kuchen	172
Jesus auf dem Weihnachtsmarkt	174
Advent in Äthiopien	190

Berufung

Warum ausgerechnet Pfarrerin? 12
Jeder nach seinen Gaben 70
Der Feuerwehrler 104
Nasib heißt Glück 154
Das Bewerbungstraining 188

Beziehungen

Nehmt einander an 30
Streicheleinheiten 36
Wichtige Worte 48
Mit liebevollem Blick 98
Ehe-TÜV 124
Trennung 126

Christsein

Spuren im Schnee 14
Wie ein Bleistift 24
Follow me 64
Lucias Licht 168

Einzigartigkeit und Persönlichkeit

Unvollkommen vollkommen 38
Phantomklingeln 44
Karos Weg 66
Jeder nach seinen Gaben 70
Niemand wird je vergessen 128
Das Bewerbungstraining 188
Ein makelloser Esel? 192

Engagement und Hilfsbereitschaft

„Ich mach's" 56
Karos Weg 66
Ein Engel vor der Haustür 116
Brot am Haken 118
Lucias Licht 168
Heimat behalten 170
Advent in Äthiopien 190
Die Himmelstreppe 206
Fringsen 208

Freude

Hoffen und hüpfen 72
Ein Adventsgruß 164
Perspektivwechsel 108
Gott zum Lachen bringen 210

Gastfreundschaft

Nehmt einander an	30
Fremd sein	84
Ein Engel vor der Haustür	116
Advent in Äthiopien	190
Fringsen	208

Gebet

Das Geheimnis ist die Reihenfolge	90
Kerzen in der Kirche	102
Was vom Beten bleibt	106
Trennung	126
Wunschlos glücklich	152

Gesundheit

Besuch auf Rezept	86
Die beste Medizin	120
Leb-Kuchen	172

Glück und Zufriedenheit

Bruttoinlandsglück	150
Wunschlos glücklich	152
Nasib heißt Glück	154
Was mich glücklich macht	176
Habseligkeiten	180

Heimat
- Heimat 22
- Heimat behalten 170
- Geschätzt werden 182
- Zu Gast bei allen 204

Himmel und Ewigkeit
- Heimat 22
- Cezannes Leiter 78
- Niemand wird je vergessen 128
- Die neue Adresse 144
- Die zweite Bettdecke 156
- Was danach kommt 202

Hoffnung und Zuversicht
- Vorübergehend nicht erreichbar 28
- Hoffen und hüpfen 72
- Trennung 126
- Nichts unversucht lassen 130
- Die neue Adresse 144
- Der Losverkäufer 148
- Lass dir einen Segen geben 160
- Das Paket 166
- Alles im Griff 168

Innehalten
Einkehrschwung 10
Auf Empfang 16
Pausenlos? 26
Zeit für Stille 60
Das Geheimnis ist die Reihenfolge 90

Kirche
Wo ist Kirche? 82
Kerzen in der Kirche 102
Wie eine Lederhose 114
Weihnachten in der Steppe 198

Liebe
Ich dachte, es wäre mein Mann 50
Am liebsten netto 52
Hand in Hand 94
Der Feuerwehrler 104
Ehe-TÜV 124
Was mich am Laufen hält 140
Die zweite Bettdecke 156
Habseligkeiten 180

Loslassen

Loslassen 18
Losverkäufer 148
Alles im Griff 186
Gott zum Lachen bringen 210

Miteinander und Gemeinschaft

Nehmt einander an 30
Am liebsten netto 52
„Ich mach's" 56
Besuch auf Rezept 86
Ein klasse Team 96
Ruhpolding 100
Perspektivwechsel 108
Die beste Medizin 120
Bruttoinlandsglück 150
Ein Adventsgruß 164
Leb-Kuchen 172
Jesus auf dem Weihnachtsmarkt 174
Was uns bewegt 178
Um die Krippe 194

Neuanfang
Wunderbar verwandelt 8
Neubeginn 20
Der erste Schritt 132
Bekennen befreit 138

Perspektivwechsel
Cezannes Leiter 78
Der Butzen 122
Auf den zweiten Blick 134
Das schöne Grau! 136

Ruhe
Auf Empfang 16
Pausenlos? 26
Was wir alles anhaben 74

Schönheit
Wunderbar verwandelt 8
Die Kunst, aufzuräumen 32
Unvollkommen vollkommen 38
Das schöne Grau! 136

Schutz

Der Motorradgottesdienst	42
Der Schatten	88
Gut behütet	200

Segen

Der Motorradgottesdienst	42
Segen im Einwanderungsbüro	68
Lass dir einen Segen geben	160

Stille

Auf Empfang	16
Was wir alles anhaben	74
Das Geheimnis ist die Reihenfolge	90

Trost

Angehaucht	54
Nichts unversucht lassen	130
Wenn eigene Worte fehlen	142
Die neue Adresse	144
Die Natur trägt bunt	146
Du hältst mich	181

Urlaub

Einkehrschwung 10
Warum ausgerechnet Pfarrerin? 12
Was wir alles anhaben 74
Fremd sein 84

Veränderung

Wunderbar verwandelt 8
Niemals ausgewachsen 34
Wie eine Lederhose 114
Der erste Schritt 132
Geschätzt werden 182
Die Himmelstreppe 206

Vertrauen

Der Co-Pilot 62
Nichts unversucht lassen 130
Das Paket 166
Du hältst mich 184
Alles im Griff 186

Weihnachten

Jesus auf dem Weihnachtsmarkt 174
Advent in Äthiopien 190
Um die Krippe 194
Weihnachten daheim 196
Weihnachten in der Steppe 198
Zu Gast bei allen 204

Wertschätzung

Streicheleinheiten 36
Ich dachte, es wäre mein Mann 50
Habseligkeiten 180
Geschätzt werden 182
Die Himmelstreppe 206

Die Bibelstellen wurden folgenden Übersetzungen entnommen:
Übersetzung Hoffnung für alle®, Copyright © 1983, 1996, 2002 by
Biblica Inc.®. Verwendet mit freundlicher Genehmigung von 'fontis -
Brunnen Basel. Alle weiteren Rechte weltweit vorbehalten (S. 9, 13, 31,
35, 45, 56, 71, 73, 97, 117, 131, 138, 143, 145, 149)
Lutherbibel, revidiert 2017, © 2016 Deutsche Bibelgesellschaft,
Stuttgart. (S. 39, 49, 85, 89, 98, 109, 165, 185, 209)
Alle anderen Bibelverse sind frei übersetzt.

Bibliografische Information der Deutschen Nationalbibliothek:
Die Deutsche Nationalbibliothek verzeichnet diese Publikation in der
Deutschen Nationalbibliografie; detaillierte bibliografische Daten sind
im Internet über http://dnb.d-nb.de abrufbar.

© 2022 Neukirchener Verlagsgesellschaft mbH, Neukirchen-Vluyn
Alle Rechte vorbehalten
Gesamtgestaltung und DTP: Kristina Dittert, FreiSinn, Essen
unter Verwendung von Bildern © Shutterstock, AdobeStock, Freepik
Lektorat: Christina Herr, Lich
Verwendete Schriften: Mr. und Mrs. Eaves
Gesamtherstellung: Finidr, s.r.o.
Printed in Czech Republic
ISBN 978-3-7615-6829-3 (Print)
ISBN 978-3-7615-6830-9 (E-Book)

www.neukirchener-verlage.de